Os Segredos do Poder da Mente

HARRY LORAYNE

OS SEGREDOS DO PODER DA MENTE

Tradução
ANÍBAL MARI

EDITORA CULTRIX
São Paulo

Título do original:
Secrets of Mind Power

Edição	Ano
1-2-3-4-5-6-7-8-9	99-00-01-02-03-04

Direitos de tradução para a língua portuguesa
adquiridos com exclusividade pela
EDITORA CULTRIX LTDA.
Rua Dr. Mário Vicente, 374 — 04270-000 — São Paulo, SP
Fone: 272-1399 — Fax: 272-4770
E-mail: pensamento@snet.com.br
http://www.pensamento-cultrix.com.br
que se reserva a propriedade literária desta tradução.

Impresso em nossas oficinas gráficas.

Para Robert e Renée

"Nascemos indefesos.
A mente é a nossa única arma."

Ayn Rand, The Fountainhead

Sumário

Sumário

Prefácio

Desde que escrevi *Os Segredos do Poder da Mente*, nos idos de 1961, meus livros sobre o desenvolvimento da memória tornaram-se campeões de vendas; alguns chegaram a ser traduzidos para dezoito línguas. Meu primeiro livro sobre o assunto, *How to Develop a Super-Power Memory*, foi publicado pela primeira vez em 1957 e ainda continua vendendo — de par com alguns de meus livros posteriores sobre esse assunto. *Os Segredos do Poder da Mente* foi o meu segundo livro e esta edição conserva, em sua maior parte, o exato texto original. Atualizei-o um pouco e acrescentei alguns dados novos. O interessante é que as idéias que eu tinha e registrei por escrito há mais de trinta anos ainda são válidas e pertinentes hoje em dia.

O fato de os meus livros sobre a memória continuarem a vender comprova algo que eu sempre soube — que as pessoas de todas as condições sociais, em todos os setores da atividade humana, têm o desejo sincero de aperfeiçoar-se e organizar a mente.

Na minha opinião — e admito que sou um pouco parcial —, uma memória bem treinada é um dos fatores mais importantes para a organização mental. Mas é claro que existem muitos outros fatores envolvidos. Este livro diz respeito principalmente a esses outros fatores, embora o assunto memória não tenha sido ignorado.

Não me resta mais nenhuma dúvida de que a pessoa que dispõe de uma mente exercitada e bem-organizada é pessoa feliz e bem-sucedida.

Abraham Lincoln disse certa vez: "As pessoas em geral são tão felizes quanto decidem ser." Ninguém há de discordar disso. A busca da felicidade não precisa ser longa ou difícil — você pode encontrá-la dentro de si.

A verdade é que você *pode* ser uma pessoa melhor e mais feliz do que é agora! Você *pode* usar a sua mente de maneira muito mais ativa e eficaz. Não há nenhuma dúvida quanto a isso. Se você decidir acreditar nisso, será capaz de usar o seu poder mental com muito melhor proveito.

Samuel Johnson: "A fonte do contentamento brota no centro da mente; aquele que desconhece a natureza humana, a ponto de buscar a felicidade mudando tudo exceto as suas próprias inclinações, desperdiçará a vida em esforços infrutíferos e multiplicará as aflições que se propõe a eliminar."

CAPÍTULO 1

Organize a sua Mente e Atinja a Máxima Eficiência

A mente é a grande alavanca de todas as coisas; o pensamento humano é o processo pelo qual os objetivos humanos são finalmente atingidos.

DANIEL WEBSTER

Só existe uma coisa que pode ajudar você a evitar o caos nos negócios, nas relações sociais, na própria vida: a *organização*. Sem ela, tudo se desintegraria; não haveria aprendizagem, ciência, conhecimento, escrita, pensamento criativo, competitividade nos negócios — nada!

Não há nada de misterioso nisso. A vida inteira de qualquer pessoa se constrói em torno da organização desde o momento em que ela nasce — aliás, desde o momento em que é concebida. O mundo em que vivemos, o universo, tudo à nossa volta é organizado. Todas as nossas atividades, sejam elas dirigidas para o trabalho, para o lazer, ou para ambas as coisas, são planejadas e organizadas.

A mulher grávida segue uma dieta definida prescrita pelo obstetra. Depois que o bebê nasce, ele é alimentado, banhado e posto para dormir de acordo com um sistema definido. Até a alimentação dele consiste numa fórmula planejada, composta de diversos ingredientes.

Quando a criança entra para a escola, ela se defronta com mais ordem, mais planejamento, mais organização. E assim as coisas vão até que a pessoa se torne, involuntariamente, o personagem central de um funeral cuidadosamente organizado. É por isso que, da concepção até a morte, precisamos organizar nossos esforços e atividades, até mesmo as nossas alegrias e tristezas. Acima de tudo, temos o dever e a necessidade de organizar o nosso pensamento.

Não quero dizer que você deva organizar o seu pensamento apenas para obter vantagens nos negócios ou no trabalho, embora isso seja uma parte muito importante do todo. Digo que você deve organizar a sua mente em geral — para todas as coisas, pelo resto da sua vida. Se você encarar a vida com uma mente organizada, e não através das proverbiais lentes cor-de-rosa (apesar de elas também terem o seu lugar), certamente terá uma opinião muito mais correta acerca do sucesso e da felicidade.

Se você for capaz de organizar a sua mente, vai ser capaz de organizar e controlar a sua vida, e é a essa finalidade que este livro é dedicado.

Seja um perito em eficiência

Para organizar a mente é preciso controlá-la. Segundo Charles Darwin, "o estágio mais elevado da cultura moral ocorre quando acatamos o dever de controlar nossos pensamentos".

Os negócios, naturalmente, admitem há muito tempo a importância da organização. É por isso que no mundo dos negócios há tantos "peritos em eficiência", ou seja, peritos em organização. Aliás, esses profissionais também são chamados "técnicos em eficiência" e "consultores de eficiência".

A organização, em essência, é uma questão de sistematização. Você já observou um bom cozinheiro de pratos rápidos em ação na corrida do horário de almoço? Quando você tiver essa oportunidade, observe-o cuidadosamente. Quase todo movimento que ele executa é feito com um propósito definido. Todos os ingredientes de que ele pode precisar estão ao seu alcance; quanto mais usados, mais perto dele. Ele está tão familiarizado com as posições desses ingredientes que é capaz de pegar qualquer um deles quase sem olhar.

Um dos atendentes de balcão grita: "Sai um B e T!" — *bacon* e tomate no pão torrado. O cozinheiro imediatamente coloca duas fatias de pão na torradeira, põe o *bacon* na chapa e separa duas fatias de tomate, num movimento praticamente contínuo.

Quando lhe pedem ovos fritos, ele interrompe o que quer que esteja fazendo para tirar dois ovos da vasilha. O fato de os ovos estarem fora da vasilha é o bastante para fazê-lo lembrar do pedido. Se ele tivesse de se lembrar mentalmente de todos os pedidos, ficaria confuso num instante. O bom cozinheiro de pratos rápidos tem pelo menos um ingrediente principal associado a cada item do cardápio, e coloca esse ingrediente sobre a sua superfície de trabalho no momento em que o pedido é feito.

É essa a maneira organizada ou sistemática de preparar pratos rápidos. A mesma idéia pode e deve ser aplicada a qualquer outra atividade. A maneira mais rápida, mais eficiente e mais fácil, a melhor maneira de fazer qualquer coisa, inclusive pensar, é fazê-la com organização. O caso do cozinheiro de pratos rápidos é um bom exemplo de preparação prévia, que é um dos primeiros passos na organização. A preparação, o planejamento prévio e a previsão de pequenas dificuldades ou obstáculos são elementos essenciais da organização e se identificam com ela.

Este livro constitui um esforço da minha parte para ajudar você a sistematizar o seu pensamento. Estou me arriscando muito, porque já se disse (Don Marquis) que "Se você fizer com que as pessoas pensem que elas estão pensando, elas vão gostar de você. Se você fizer com que elas realmente pensem, elas vão odiar você". O fato é que eu estou disposto a correr esse risco, embora saiba que a maior parte das pessoas tende ao desânimo e fica bastante aborrecida por ter de fazer o esforço necessário para pensar com clareza e de maneira organizada.

Numa época em que a eficiência e a organização são realmente fundamentais para o sucesso, não vejo razão para que alguém tolere em si mesmo a ineficiência, ainda mais quando ela pode ser corrigida! No fundo, só existe uma pessoa responsável pelo modo como você pensa, pelo que se passa em sua mente, e essa pessoa é — Você!

O fato de você estar lendo este livro agora é o seu primeiro passo para alcançar o objetivo de uma mente organizada. Você está interessado, e o interesse é um elemento essencial de qualquer aprendizado. Outra condição indispensável para aprender é agir, fazer algo pelo que se quer; e quando você apanhou este livro, pelo menos fez *alguma coisa*!

Infelizmente, muita gente neste mundo prefere falar e desejar em vez de fazer. E — é triste, mas é verdade — aqueles que mais precisam de ajuda são os que mais dificilmente se esforçam para obter essa ajuda. Os donos de uma arcada dentária perfeita vão ao dentista duas vezes por ano, ao passo que os que *deveriam* consultar um dentista raramente o fazem.

O tratamento psiquiátrico se tornou moda em certas rodas; mas, neste caso também, muitos dos que realmente precisam de ajuda psiquiátrica jamais o admitem e, por conseguinte, jamais a obtêm. Já que a minha ocupação principal é a memória, deparo constantemente com "falastrões" e "sonhadores". Depois das minhas preleções, os que já dispõem de uma ótima memória são os mais ansiosos para sair e adquirir um dos meus livros sobre o desenvolvimento da memória.

Por outro lado, eu sempre encontro alguns que dizem: "Eu tenho a pior memória do mundo — nada pode me ajudar!" De fato, nada poderá ajudá-los enquanto eles se sentirem assim; e eles são os que mais precisam de ajuda. Há também aqueles cuja atitude é a seguinte: "Rapaz, eu daria um milhão de dólares por uma memória assim!" Mas será que eles estão dispostos a entrar numa livraria e gastar de treze a vinte dólares por um livro que *de fato* pode lhes dar uma memória assim? Muito raramente.

Menciono tudo isso, não porque esteja tentando vender os meus livros sobre memória — eles já vendem muito bem, obrigado –, mas porque tenho a sensação de que a maioria dos livros de "auto-ajuda" escritos hoje em dia raramente caem nas mãos daqueles que mais desesperadamente precisam aprender a ajudar a si mesmos. Quanto aos que não fazem nenhum esforço para obter ajuda — bem, como se diz por aí, "O problema é deles". Acho que Benedict Spinoza tinha esse tipo de pessoa em mente quando afirmou: "Na mesma medida em que um homem imagina que não pode fazer isto ou aquilo, ele está fadado a não fazê-lo; e, conseqüentemente, essa realização lhe parece impossível."

Como você pensa, você vive

Na verdade, ter o pensamento organizado equivale a controlar adequadamente as reações mentais e a resolver os problemas da maneira mais eficiente para cada ocasião. Como você vai ver adiante neste livro, sou de opinião que, quando pensamos, na maior parte das vezes estamos tentando resolver algum problema.

O que nos ocupa a mente o tempo todo são as nossas reações mentais às coisas que nos acontecem, às coisas que nós vemos, ouvimos, tocamos ou sentimos — e, além disso, as tentativas de resolver os problemas que essas coisas nos propõem. Sendo assim, é evidente que não há nenhuma razão para que você não reaja e resolva seus problemas de maneira organizada.

Há exemplos disso no livro inteiro, mas eu acho que é hora de lhe apresentar o primeiro. Um texto que li há pouco tempo me deu um bom exemplo de como reagir de maneira adequada. No caso, trata-se da reação a um insulto, e o texto foi escrito por Russell Lyons: "A única maneira digna de aceitar um insulto é ignorá-lo; se você não for capaz de ignorá-lo, supere-o; se não for capaz de superá-lo, ria-se dele; se não for capaz de rir-se dele, ele é provavelmente merecido."

Ora, eu admito que ser insultado não é coisa muito importante. Porém, se você pretende que sua mente aprenda a reagir adequadamente, você pode agir assim não só com os grandes acontecimentos, mas também com os pequenos.

O modo como você pensa é o modo como você vive. Se você pensar de maneira adequada, clara e eficazmente, certamente terá sucesso e será feliz. E isto apesar de todos os obstáculos, incapacidades, irritações e aborrecimentos com que todos nós nos confrontamos.

Abra essa mente fechada, e a imaginação, a organização e a criatividade serão sugadas para dentro dela como o ar para dentro de um vácuo. Quando perguntaram a *Sir* Isaac Newton como ele descobriu a lei da gravidade, ele respondeu: "Pensando no assunto." É claro que essa é a resposta verdadeira, mas obviamente não é tão simples quanto parece.

Muita gente, como Newton, já tinha visto uma maçã cair ao chão. Contudo, Newton "pensou" a respeito; reagiu adequadamente ao fato que presenciou. Sua mente formulou perguntas: "Por que a maçã caiu? Por que ela não subiu?" Suas idéias não percorreram caminhos batidos e desgastados. Elas atacaram o assunto de todos os ângulos possíveis, procurando solucionar o problema ou responder às perguntas.

Não pretendo ensinar você a descobrir grandes leis naturais; mas talvez, depois de ler o que eu tenho a lhe dizer, você admita a importância de ver as coisas com clareza e de pensar nessas coisas de maneira adequada e eficaz. Talvez você ache que *já* pensa com clareza sobre as coisas. É possível; no entanto, desde a Grécia antiga, os filósofos nos dizem que antes de tudo o mais temos de "conhecer a nós mesmos". Nós passamos mais tempo pensando em nós mesmos do que em qualquer outro assunto; não é surpreendente que saibamos tão pouco sobre esse assunto da nossa predileção?

Quando pensar sobre um problema, você precisa aprender a sair dos caminhos batidos. Pense e observe a partir de todos os pontos de vista. Por exemplo, temos aqui o número romano IX. Agora, eis o probleminha — ou a charada, se preferir: você consegue acrescentar apenas um sinal ou símbolo a esse número romano e transformá-lo no número 6?

Provavelmente, você será capaz de resolver o problema em alguns instantes. Só não o terá resolvido imediatamente porque o seu pensamento foi "desorientado", foi levado pelo mesmo caminho de sempre — o caminho errado, evidentemente.

A desorientação é a maior arma dos mágicos profissionais. Se eles o fazem de tolo, não é porque a mão é mais rápida do que o olho, mas porque eles conduzem o seu pensamento pelo caminho errado. Eles introduzem alguns "subterfúgios" para manter a sua mente ocupada enquanto as maquinações importantes que fazem o truque dar certo passam despercebidas.

Neste caso particular, eu levei você a pensar sobre os algarismos romanos. Se você continuar pensando assim, jamais resolverá este problema tão simples. É claro que por fim vai acabar abandonando essa rotina mental, e a resposta o atingirá como um raio.

Se você ainda não resolveu o problema, simplesmente coloque um "S" diante das letras IX, e você formará a palavra "SIX (seis). As pessoas que estão acostumadas a pensar sobre as coisas a partir de muitos pontos de vista resolvem uma charada deste tipo quase instantaneamente.

Você pensa ou meramente divaga?

A organização da mente também implica um movimento rumo a uma meta definida. Se o seu pensamento não passa de divagação, na maioria dos casos você caminha para lugar nenhum. Não me entenda mal — se os devaneios são construtivos, se servem de fonte de inspiração, se o levam à ação, então eles são produtivos. Mas se tomam o lugar da ação, isso é mau! É muito grande o número de pessoas que se satisfazem com devaneios; eles tomam o lugar da realidade e nos levam a fugir do esforço de trabalhar pelo real.

O falecido Richard Himber (músico e mágico) era um bom amigo e um homem bem-sucedido. Quando lhe pedi que resumisse numa única frase o método para alcançar o sucesso, ele me disse: "O trabalho árduo exercido de maneira adequada e inteligente e o pensamento organizado sempre levam ao sucesso."

De fato, é difícil discordar disso. O trabalho árduo é uma coisa boa, sem dúvida — desde que seja exercido da maneira adequada; e a capacidade de pensar é o recurso mais valioso que temos, desde que o pensamento seja organizado!

William James dizia: "Comparados ao que deveríamos ser, estamos apenas semidespertos. Só fazemos uso de uma pequena parte dos nossos recursos mentais." Eu duvido que, nesta existência, alguém aprenda a usar *todos* os seus conhecimentos e recursos mentais — mas vamos pelo menos procurar fazer o melhor uso daquilo que temos! Se você tentar organizar e disciplinar esses recursos, já estará caminhando rumo a uma vida mais bem-sucedida, feliz e criativa.

"É a mente que cria a saúde ou a doença, a felicidade ou a infelicidade, a riqueza ou a pobreza", mas nós investimos mais tempo em coisas inconseqüentes do que na organização da mente. O tempo é mais importante do que o dinheiro; é a moeda mais valiosa que existe; por isso, se você está procurando uma pechincha, invista essa moeda preciosa no desenvolvimento da sua capacidade mental. Se você crer firmemente que o aperfeiçoamento é possível, você certamente se aperfeiçoará.

Saiba que não há limites para o quanto pode aprender a pessoa que detém aquele conhecimento importantíssimo e singular: o conhecimento de quão pouco ela realmente sabe.

Chegue ao sucesso olhando as meninas

Neste capítulo, tentei falar um pouquinho sobre o assunto geral deste livro. A organização da mente vai ajudar você a se livrar dos medos, das preocupações, das dúvidas, das indecisões — das incertezas em geral. Vai ajudar você a reagir adequadamente e a resolver seus problemas de modo eficaz; a substituir os maus hábitos por hábitos bons, a planejar o futuro, a tornar a vida mais fácil — acima de tudo, a viver uma vida feliz e bem-sucedida.

A organização da mente envolve uma grande quantidade de técnicas e temas, sobre muitos dos quais não disponho de espaço para escrever. Selecionei os que considero os mais essenciais.

Conhecemos o lugar-comum: "Viva só o dia de hoje." Eu concordo com isso, só que gostaria de mudar a frase para "Viva só os dias de hoje e de amanhã!" Na minha opinião, é correto pensar no futuro, pelo menos no dia de amanhã; o dia depois de amanhã também poderá ser planejado e pensado — amanhã.

Há pouquíssimo tempo, num hotel-fazenda ao qual compareci para uma convenção empresarial, eu me surpreendi com a capacidade de pensar no futuro que o proprietário tinha. Havia um letreiro na entrada da sala de jantar: "Para evitar que se levem frutas para fora da sala de jantar, não serviremos frutas na sala de jantar!"

Outra vez, enquanto esperava um amigo na Avenida Madison, em Nova York, presenciei uma cena interessante. Os lobos, vestindo ternos de flanela de cor cinza, haviam saído às ruas em matilhas (eu estava usando sarja azul). Algumas das moças mais bonitas do mundo desfilam pela Avenida Madison. Fiquei observando os homens que olhavam as garotas. Um homem em particular gostava de segui-las com os olhos enquanto elas passavam.

Acho que, como ele não queria "dar bandeira", planejou seus movimentos de antemão. Quando uma moça particularmente atraente vinha em sua direção, ele virava o rosto para o outro lado *antes* que a garota passasse. Desta forma, ele era capaz de "olhar as meninas" sem falta de tato e sem "dar na cara". Ora, lá estava uma mente organizada!

CAPÍTULO 2

Afine o seu Interesse no Tom do Sucesso

Você está só, meu irmão?
Divida esse pouco com outra pessoa!
Aperte a mão de alguém que não tenha amigos,
E a sua solidão desaparecerá.
WILLIAM ARTHUR DUNKERLEY

Não há pessoa alguma que não seja completa e irrevogavelmente só. Por mais amigos que uma pessoa tenha, por mais íntimos que eles sejam, permanece a idéia — ou o fato, se você preferir — de que cada um de nós é uma entidade separada.

Tenho certeza de que muitos, se não todos vocês, já experimentaram o sentimento sombrio de estar sozinhos numa sala repleta de pessoas.

Falei dos amigos íntimos, mas o mesmo se aplica aos parentes; até aos mais íntimos, como o marido ou a esposa. Há sempre alguma coisa que não pode ser comunicada a ninguém — algo que não pode ser expresso em palavras ou que é íntimo demais para ser confiado aos outros.

Nos últimos doze meses, pelo menos mil pessoas o cumprimentaram com esta pergunta: "Como está você?" Alguma vez respondeu a essa pergunta literalmente? Em outras palavras, disse realmente a essas pessoas como você está? Contou a elas sobre as suas dores e sofrimentos, sobre as suas dificuldades no trabalho ou em casa? Se contou, talvez tenha reparado num sutil embaçamento do olhar do seu conhecido depois de alguns momentos. Depois de ficar um pouco impaciente, eles provavelmente o deixam falando sozinho depois de um certo tempo. Isso acontece, saiba você, porque as pessoas não estão realmente interessadas nos seus problemas.

Seus problemas e dificuldades são seus, meu amigo, e ninguém mais quer saber deles. Você sabe por que, não sabe? Porque todos têm os seus próprios problemas. Certamente os deles são mais importantes para eles do que os seus. E, inversamente, os problemas que você tem são muito mais importantes e prementes para você do que os de qualquer outra pessoa.

A cura do complexo do "grande eu"

Isso tudo está nos levando a um assunto muito útil. Eu lhe disse, e tenho certeza de que você concorda, que todos nós estamos completamente sós. Mas há um modo, um modo relativamente simples de aliviar um pouco essa solidão.

E isso consiste em superar os ditames esmagadores do "Grande Eu". A maior parte das pessoas está tão firmemente acorrentada à cela do ego, a essa escura e desesperadora masmorra do si mesmo, da qual parece impossível fugir, que tende a acreditar que o mundo inteiro gira em torno de "mim". Essa doença, o complexo do "Grande Eu", é extremamente comum, mas ela pode ser, digamos, detida, se não completamente curada! Como? Simplesmente interessando-se pelos outros.

Ora, será essa uma pílula tão difícil de engolir a fim de aliviar uma doença tão dolorosa? É claro que não — embora não seja tão fácil quanto parece. No começo, você provavelmente terá de se esforçar para se interessar pelos outros. Fazer com que a sua atenção se volte para longe de você, dos seus problemas, das suas preocupações, é como separar dois ímãs muito fortes — no entanto, não é impossível! Force-se a fazê-lo por algum tempo; creio que você se surpreenderá ao descobrir que logo estará se interessando pelos outros.

Para facilitar, você pode criar o hábito de procurar pensar na outra pessoa como um outro "Eu", em vez de "ele", "ela" ou "eles". Eu sei que isto é muito difícil de aceitar; é um conceito que quase vai contra a natureza, mas experimente-o. Você não precisa ter medo, pois nunca, na verdade, vai conseguir parar completamente de pensar em si mesmo; aliás, mesmo que isso fosse possível, acho que não seria desejável. O egoísmo usado de maneira inteligente pode ser uma força positiva. Porém, a identificação com os outros vai aliviar a sua grande solidão.

Sim — para isso, você vai ter de fazer algo pelos outros. Se você estiver mesmo interessado no bem-estar dos outros, vai *querer* fazer algo por eles. Tolstói disse: "Amamos as pessoas não pelo que elas podem fazer por nós, mas pelo que nós podemos fazer por elas." Tolstói sabia do que estava falando.

Muitos outros, todos certamente mais esclarecidos do que eu, afirmaram sem cessar que a única forma de ser feliz é procurar fazer os outros felizes. O Dr. Albert Schweitzer dizia que a pessoa que assim procede encontra "uma fonte secreta de verdadeira paz e de satisfação vitalícia". A meu ver, tudo se resume a procurar mitigar essa solidão individual que nunca desaparece. Você nunca estará tão próximo de alguém como no momento em que estiver fazendo algo por essa pessoa sem nenhum outro objetivo a não ser a felicidade ou o bem-estar dela.

Mas não se iluda: não ache que se pode fazer isso tendo em mente algum motivo ulterior. Você pode até estar ajudando alguém ou fazendo algo por essa pessoa, mas se o fizer com um motivo secreto, egoísta, não será a mesma coisa. Talvez você engane a todos, mas vai descobrir que é quase impossível enganar a si mesmo.

Há muita gente que ostenta uma portentosa fachada de altruísmo absoluto. Praticamente tudo o que eles fazem é para ajudar os outros, ou pelo menos é nisso que gostariam que você acreditasse. Mas, bem no fundo, eles sabem que é de acordo com as próprias intenções que eles escolhem as pessoas para as quais prestam favores. Ou isso, ou então eles têm um complexo de mártir que precisam satisfazer — e eis aí um motivo tão egoísta quanto qualquer outro.

Seja sincero: você se esforçaria para ajudar alguém que não significasse absolutamente nada para você, da mesma forma que o faria por uma pessoa que pudesse abrir-lhe uma oportunidade de negócios ou retribuir-lhe o favor de uma maneira ou de outra? Eu acho que não. Não me entenda mal. Não estou querendo dizer que sempre que você faz algum bem para alguém a intenção precisa ser completamente desinteressada e altruísta. Como eu já disse, isso não só é impossível como também não é muito desejável.

Saia do círculo da solidão

Por outro lado, se você nunca ajuda ninguém sem ser por um motivo interesseiro (e muitos passam a vida comportando-se dessa maneira), será praticamente impossível aliviar aquela solidão.

Por um momento, esqueça o que *você* quer e pense no que a outra pessoa quer. Se você compreender que todo o mundo tem, no fundo, os mesmos desejos e esperanças que você tem, talvez isso lhe seja mais fácil. Não pretendo expor aqui muitos exemplos de como certas pessoas realizam seus próprios desejos ao mesmo tempo em que se esforçam sinceramente para atender aos desejos alheios. Esses exemplos podem ser encontrados na biografia de qualquer pessoa bem-sucedida, em qualquer livro que lhe ensine como alcançar o sucesso ou que o prepare para tanto.

Você descobrirá que tudo isso é verdade quando sinceramente procurar fazer pelos outros o que gostaria que eles fizessem por você. Não — não estou querendo dizer "Fazei aos outros, etc." Quero dizer faça *pelos* outros. Sempre tive um certo cuidado para não seguir a "regra de ouro" de modo muito literal, porque ela não leva em consideração os gostos e preferências completamente diversos das pessoas.

Fazer aos outros o que você gostaria que eles lhe fizessem é ótimo quando se sabe que eles gostam das mesmas coisas que você. Para dar um exemplo extremado, eu não ficaria nem um pouco contente se um masoquista decidisse aplicar a regra de ouro em mim. Eu não sinto falta nenhuma do que ele gostaria que os outros lhe fizessem!

Voltando ao assunto, você vai descobrir que, demonstrando e tendo de fato um interesse sincero pelos outros, eles também vão se interessar mais por você. Essa atitude não fará mais que um pequeno arranhão na estrutura férrea do "Grande Eu", mas será o bastante para torná-la um pouco mais modesta e menos férrea.

Doravante, em vez de pensar em si mesmo ou no que você vai dizer quando alguém falar com você, *ouça* essa pessoa! No começo, se for preciso, simule essa atenção; logo ela se tornará real.

Eu nunca conheci ninguém, de qualquer condição social, com quem eu não tenha aprendido alguma coisa. Um fragmento de experiência, um pensamento ou idéia, por menor que seja, sempre me são transmitidos. Quando a pessoa não me diz nada, eu me esforço para que isso aconteça. Quando não aprendo nada com uma pessoa, sinto que perdi algo muito precioso.

Esse aprendizado não aconteceria se eu não ouvisse — ouvisse *de fato* — o que os outros têm a dizer. E, como eu já afirmei, a nossa educação só começa quando começamos a ouvir o que nos é dito.

É evidente que uma atividade se funde com a outra. É quase impossível separar o interesse da escuta atenta. Se você tem dificuldade para ouvir com atenção as pessoas, interesse-se por elas. Se você acha difícil interessar-se pelas pessoas, comece a ouvi-las com atenção. Uma coisa colabora com a outra.

Pois bem, como expliquei, você só vai se livrar dessa implacável solidão quando conseguir se interessar pelos outros, ou fazer algo por eles, sem nenhum interesse egoísta. Mas cuidado: se você ficar pensando em como você é bom, estará sendo egoísta do mesmo jeito. Pare de pensar e simplesmente aja. Se você começar a seguir estas instruções imediatamente, embora o faça por um motivo essencialmente egoísta, acho que em pouco tempo vai se esquecer desse motivo. Isso porque você vai acabar se interessando sinceramente pelas pessoas que estiver ajudando.

Se você não gosta das pessoas, você se torna desagradável

As pessoas mais solitárias do mundo, evidentemente, são as que não gostam das outras pessoas. Se você não gosta de uma pessoa, será difícil interessar-se por ela. Bem, só existe um solução, que consiste simplesmente em deixar de ter aversão às pessoas. Eu sei que não podemos gostar de todas as pessoas com quem entramos em contato; mas, se você tem aversão pela maioria delas, deve haver algo de errado com você!

Certa ocasião, pediram a um grupo de estudantes universitários que anotassem, o mais rápido possível, os nomes das pessoas de quem não gostavam. Quando o tempo indicado expirou, cada estudante tinha anotado um número diferente de nomes. Constatou-se (e eu não me surpreendi nem um pouco) que os que não gostavam do maior número de pessoas eram eles próprios os mais detestados.

Mais adiante, vou lhe apresentar alguns pensamentos sobre o fato de não se gostar das pessoas e sobre como evitar essa tendência. Por ora, limito-me a repetir o que Benjamin Disraeli disse em certa ocasião: "A vida é curta demais para ser mesquinha!"

Talvez você esteja se perguntando o que é que tudo isso tem a ver com a organização da mente. Se estiver, é porque até agora não dei ênfase suficiente ao fato de que a mente tem um poder incalculável. Toda capacidade ou talento que você possui, tudo se deve na verdade ao poder da mente. É evidente que não estou falando aqui da força física ou da capacidade de mexer as orelhas — se bem que também essas coisas, ao que parece, se devem em essência à organização mental.

O grau de interesse que você demonstra por alguém ou por alguma coisa pode ser controlado. O controle que a sua mente exerce sobre esse interesse pode mudar a sua vida para melhor. Isso cabe a você — não existe nenhum outro meio de ajudá-lo exceto este que estou empregando agora: procurar convencer você da importância de controlar o seu interesse.

Você pode achar que estou prolongando demais o assunto, mas eu tenho de discordar. Na verdade, ainda não terminei. Grande parte do capítulo seguinte é dedicada a ele; e você verá que o tema do "interesse" é mencionado em todo o livro.

Não o subestime, por favor. Ser desinteressado e distante pode ser chique, mas certamente não ajudará a ter uma mente organizada. De qualquer maneira, para resumir, quando você adquirir um interesse sincero pelos outros, você estará ajudando a si mesmo. Isso é o que importa! *Eu* só estou interessado em *você* neste instante.

Há algo que preciso continuar repetindo até cansar: tem muita gente que vai concordar com todas essas coisas, mas nunca vai pô-las em prática. Por favor, lembre-se que só a prática pode ajudar você. Muita gente lê os livros e depois se queixa de que não tirou proveito deles. Essas pessoas devem culpar a si mesmas e não aos autores. Se você acabou de ler este capítulo e ele só deixou em você um sentimento vago de procurar se interessar pelos outros *algum dia*, esqueça-o!

Se você está procurando ajuda, se você quer se esforçar para organizar a sua mente e, conseqüentemente, a sua vida, *empenhe-se* nisso!

Para o seu próprio bem, pare de tratar essa questão com displicência; pare de concordar comigo se você não tem a intenção de *fazer* o que eu sugiro. Prefiro que você discorde *ativamente* a que concorde passivamente. Se você acredita que o interesse pelos outros *vai* ajudar você; se você acredita que ele *pode até* ajudar você — então, comece a interessar-se sinceramente pelos outros AGORA mesmo! Você vai acabar concordando que o fim justifica os meios; é possível, inclusive, que os meios venham a se tornar mais importantes para você do que o próprio fim.

CAPÍTULO 3

Desperte o seu Entusiasmo – Aumente a sua Motivação

Psiquiatra:	*Bem, eu acho que sei como resolver o seu problema. Você tem de ser mais entusiasta; precisa ter mais energia, mais iniciativa. Precisa envolver-se com todo o entusiasmo naquilo que faz. A propósito, no que você trabalha?*
Paciente:	*Eu sou coveiro!*

Você compreende, sem dúvida, que a citação acima é só uma piada e não deve ser entendida no sentido literal. É claro que tudo tem limites. São pouquíssimas as coisas que podem ser, sem perigo, levadas aos extremos.

Todavia, Ralph Waldo Emerson disse certa vez: "Nada de grande jamais foi realizado sem entusiasmo." Em geral, eu não tendo a aceitar afirmações tão genéricas quanto essa. Mas, no caso, eu concordo integralmente. Não conheço exceções a esta regra e, para ser franco, acho que não existe nenhuma. "*Nada* de grande jamais foi realizado sem entusiasmo" — talvez realizações satisfatórias ou muito boas, mas não grandes realizações.

A nenhum dos realizadores de grandes feitos faltou o entusiasmo durante a realização do feito. Acho que não há nenhuma ponte, nenhum edifício, nenhuma coisa de valor excepcional que não tenha sido originada com entusiasmo. Homem algum jamais adquiriu um grande cabedal de conhecimentos sem entusiasmo. Todos os bons vendedores têm uma coisa em comum — entusiasmo pelo seu produto.

Para adquirir qualquer habilidade que seja, para tornar-se versado em qualquer arte, para fazer *qualquer coisa* que valha a pena — *é preciso* ter entusiasmo. Por outro lado, nem todos têm a felicidade de poder colaborar para a realização de grandes coisas; por isso, você talvez esteja se perguntando por que eu estou fazendo tanto alarde deste assunto. A verdade é que, no dia-a-dia, o entusiasmo torna qualquer coisa mais fácil de realizar. Na antigüidade, o filósofo Terêncio afirmou: "Não existe nada tão fácil que não se torne difícil quando feito com relutância."

Alguma vez você já teve de escrever um ensaio? Se você o encarou como uma obrigação ou com desagrado, nem é preciso me dizer o quanto ele foi difícil. Mas, se você foi capaz de gerar algum entusiasmo por ele, não só escreveu um ensaio melhor como também não sentiu o peso do trabalho. Descobriu que a tarefa podia ser até agradável.

Se você é o tipo de pessoa que simplesmente detesta escrever cartas, pare de encarar isso como uma obrigação. Aborde a tarefa com entusiasmo e você mal poderá esperar pelo momento de começar a escrever cartas.

No capítulo precedente, mostrei o quanto é importante ter interesse pelos outros. Também o adverti de que não adianta concordar com isso e prometer que vai começar a se interessar pelos outros um dia desses. Você tem de começar *já*, sob pena de não começar de modo algum. Para começar já, o interesse precisa ser avivado; e o entusiasmo é o único meio de avivar o interesse.

Se, para ajudar as pessoas, eu tivesse de escolher duas palavras dentre todas as palavras deste livro, eu escolheria estas: "interesse entusiástico". Um interesse letárgico equivale a nenhum interesse.

O que eu estou querendo dizer é que você não será capaz de interessar-se pelos outros se não estiver entusiasmado por eles. Eu sei que conquistei a amizade de muita gente simplesmente por me interessar entusiasticamente pelos interesses e/ou problemas *deles*. Sei que estarei me repetindo se eu lembrar você de ouvir com atenção o que as pessoas têm a lhe dizer; mas acho que isso é suficientemente importante para justificar a repetição. Wilson Mizner disse certa vez: "Um bom ouvinte não é somente uma pessoa popular; também, depois de algum tempo, ele aprende muita coisa!"

Você só está fazendo "o melhor que pode"?

Pois bem, a *motivação* que alimenta a pessoa na vida cotidiana — os objetivos que ela estabelece para si mesma — está estreitamente relacionada com o entusiasmo. Tudo o que se disse e se pode dizer a respeito do entusiasmo em geral vale também para a motivação.

Não sou psicólogo nem psiquiatra, de modo que não vou lhe dar explicações científicas do que são o entusiasmo e a motivação ou de como proceder para adquiri-los. No entanto, sublinho de novo a minha firme convicção de que essas coisas são sujeitas ao controle da pessoa e têm sua origem na mente.

Seja como for, estou certo de que você compreende tão bem quanto eu que sem motivação é impossível chegar ao sucesso. O problema é que muita gente estabelece para si mesma objetivos que não estão de acordo com as suas capacidades latentes. Ou isso, ou então não estabelecem objetivo nenhum. Há um número excessivo de pessoas que "quase chegaram lá" e que só são o que são porque obrigaram-se a acreditar que estão fazendo o melhor que podem.

Quanto a mim, não acredito mais nessa desculpa: "Estou fazendo o melhor que posso." Todo o mundo recebe o mesmo conselho: "Você está fazendo o melhor que pode, portanto não se preocupe." Talvez em alguns casos isso seja verdade, mas essa atitude muitas vezes contribui para criar um bloqueio mental que se torna cada vez mais difícil de romper com o decorrer do tempo.

Em vez de acreditar que você está fazendo o melhor que pode e de criar esses bloqueios mentais, por que não tentar rompê-los estabelecendo objetivos um pouco superiores à capacidade que você acredita ter? Se você acreditar que vai conseguir, provavelmente conseguirá!

Muitas vezes, as limitações são apenas ilusórias. Esqueça as restrições do tipo "não posso", "não devo", "não consigo", etc., e você alcançará alguns desses objetivos. Não estou pregando a lassidão moral ou a luta contra as convenções do sistema quando lhe digo para esquecer os "não posso" e "não devo". Estou só procurando fazê-lo perceber que muita gente não chega ao sucesso devido à sua própria falta de visão, aos seus objetivos de fácil consecução e a uma atitude do tipo "não posso" ou "não consigo" fazer isto ou aquilo.

Não há problema que você não seja capaz de resolver

Não seria maravilhoso sentir-se capaz de lidar com qualquer situação ou problema que lhe aparecesse? Pois fique sabendo que isso é a pura verdade. Se você acreditar sinceramente nisso, será uma pessoa muito mais feliz. O fato é que não há problema que você não seja capaz de resolver. Segundo J. A. Hadfield, "a experiência nos ensina que, nos grandes momentos, se nós aceitarmos destemidamente os desafios e empregarmos com confiança a nossa energia, cada perigo e cada dificuldade trarão consigo a força de que precisamos para enfrentá-los".

Tenho certeza de que você já ouviu histórias sobre pessoas que repentinamente adquiriram uma força sobre-humana em situações de emergência — que levantaram automóveis para tirar entes queridos debaixo das ferragens, ou que realizaram outros feitos inacreditáveis porque "tinham" de fazê-lo. Algumas dessas narrativas talvez sejam meio forçadas, mas muitas delas são relatos 100% verdadeiros. Quando as circunstâncias o acuam contra a parede e tudo parece perdido, fique contente — talvez essa seja a melhor coisa que já lhe aconteceu.

Quando alguém se vê forçado a fazer alguma coisa, da mente ou do corpo, em geral a faz. Isso me faz lembrar da história que o falecido humorista Sam Levenson contava sobre a família pobre que há anos vinha tentando achar um marido para sua filha única. Finalmente, um rapaz muito rico se interessou por ela.

A mãe da moça, sendo uma excelente cozinheira, decidiu desferir o golpe de misericórdia convidando o moço e os pais dele para um jantar. Estes, naturalmente, foram levados a crer que a moça é que estava cozinhando. A mãe esticou o orçamento e comprou um belo peru com toda a guarnição. E esmerou-se em preparar a ave. O peru ficou tão bonito que quase não dava vontade de comê-lo.

Chegou o grande dia e estava na hora de servir o peru. Quase se podia ouvir o rufar de tambores quando a filha fez sua entrada em cena, vindo da cozinha para a sala de jantar e carregando o belo e suculento peru numa bandeja.

Quando ela pôs o pé fora da cozinha, o salto do seu sapato ficou preso, ela tropeçou e o peru voou da bandeja, deslizando e rolando pelo piso da sala de jantar até parar num canto do aposento. Anfitriões e convidados se congelaram num constrangido silêncio. A mãe da moça viu a ruína de todos os planos dela naquele exato instante. Como o peru, também ela estava acuada num canto.

Então, ela ergueu os olhos para cima por um momento, como que pedindo a ajuda do Todo-Poderoso. Acho que a obteve, pois imediatamente o seu rosto se iluminou, ela se virou para a filha atordoada e disse: "Está tudo bem, querida, leve esse peru de volta para a cozinha e traga o outro!"

Algo semelhante aconteceu comigo há uns quarenta anos — nada a ver com o peru, mas com estar encurralado. Na época, junto com um parceiro, eu fazia *shows* de demonstração do poder da memória. Nós costumávamos dividir as tarefas mnemônicas. Quando estávamos no palco, ele se lembrava de metade das coisas, e eu, da metade mais difícil.

A certa altura, meu parceiro decidiu partir para outro ramo de atividade. Eu fiquei em apuros, porque tinha algumas apresentações marcadas — e não tinha mais o parceiro. Liguei para as agências que tinham me contratado e disse-lhes que não poderia cumprir os compromissos. Felizmente, algumas agências me disseram que era tarde demais, que eles não poderiam arranjar ninguém para me substituir e que eu teria de fazer os *shows* programados.

Eu estava num dilema. Achava que não era capaz de fazer o *show* sozinho; eram coisas demais para uma só pessoa lembrar. Além disso, seria difícil para uma só pessoa lidar com a parte "coreográfica" do *show*. Um agente disse que o contrato previa a apresentação de uma dupla — então, por que não usar minha esposa Renée para me ajudar?

Renée nunca tinha dito uma palavra diante de uma platéia, embora tivesse sido modelo profissional. Visto que eu realmente não tinha outra saída, eu a agradei, bajulei e persuadi até que ela finalmente concordou em ajudar-me a cumprir os compromissos já assumidos, e somente eles.

Estávamos assustadíssimos quando aparecemos juntos pela primeira vez diante da platéia. Ela achava que não seria capaz de articular uma palavra; eu, do meu lado, não sabia se conseguiria me lembrar do que tinha de me lembrar e, ao mesmo tempo, entreter a platéia. Como não sei cantar, dançar nem fazer imitações de aves, eu estava na expectativa de uma calamidade.

No entanto, as circunstâncias nos tinham acuado num canto, e a emergência trouxera consigo a força necessária para enfrentá-la. Nosso programa teve uma recepção mais calorosa do que jamais tivera. A platéia se impressionava muito mais ao ver somente um homem, em vez de dois, memorizando tudo o que eu de fato memorizava. Renée acrescentou o *glamour* que estava faltando para tornar o nosso *show* numa performance de "classe", e nós enfim entramos no caminho certo.

Esse esforço do tipo "ou vai, ou racha", oriundo da necessidade, foi a melhor coisa que já me aconteceu. Depois disso, minha mulher e eu nos apresentamos para platéias de todo o país. Eu tive a honra de escrever livros campeões de vendas sobre o tema da memória. Agora sou um orador muito prestigiado e professor de seminários (sobre a memória). Já apareci em todos os programas da televisão norte-americana — aqui e no exterior. Nada disso teria acontecido se as circunstâncias não me tivessem obrigado a usar capacidades que eu não sabia que possuía.

Não estou sugerindo que você manipule as coisas de modo a provocar situações que o deixem acuado num canto, mas sim que você faça com que o entusiasmo, a motivação e a iniciativa provoquem os mesmos resultados. Esses três fatores terão sobre você um efeito semelhante ao da sensação de estar encurralado, sem a perspectiva desesperada de uma derrota iminente. A maior parte da nossa vida é constituída de pequenos "acuamentos", por assim dizer — problemas que precisam ser resolvidos de um modo ou de outro. Tudo bem — quando você tiver desenvolvido o hábito do entusiasmo e da motivação, esses problemas serão resolvidos mais rápido e mais facilmente e, em geral, sem que você sequer *perceba* que teve um problema.

Depois de contrair o bom hábito, pare de se preocupar e de se atormentar com os seus problemas. Acredite, pelo contrário, que você é capaz de dar conta de qualquer revés, e isso acontecerá na imensa maioria das vezes.

Como fazer com que a auto-hipnose funcione a seu favor

Acreditar que você é capaz de fazer alguma coisa é quase a mesma coisa que realizá-la de fato. Não, eu não estou falando de mover montanhas ou coisa que o valha (apesar de que, segundo James Barrie, "a maioria das pessoas tem certeza de que seria capaz de remover montanhas se os outros removessem os morros do caminho"), mas sim de algo dentro dos limites da razão e, às vezes, um pouquinho além desses limites.

A hipnose é um bom exemplo, ou prova, disto. A sugestão hipnótica consiste simplesmente em fazer o sujeito acreditar que ele é algo que não é; ou que é capaz de fazer alguma coisa de que normalmente não seria capaz.

Uma pessoa sob efeito da hipnose pode ser induzida a acreditar piamente que uma caneta-tinteiro é pesada demais para que ela levante. Uma vez completamente convencida disso, ela não será capaz de levantar a caneta. Acho que todos vocês já viram um hipnotizador fazer a demonstração deste experimento ou de outros semelhantes. Além disso, acho que a maior parte de vocês sabe que a hipnose não passa de sugestão.

A auto-hipnose, ou auto-sugestão, opera muitas vezes em cada um de nós. Somos facilmente influenciáveis pela sugestão, ou de nós mesmos ou de outrem. Você não fica com vontade de bocejar quando vê outra pessoa bocejar? Seus olhos não começam a lacrimejar quando você vê lágrimas nos olhos de outra pessoa? Se eu falasse agora das pequenas coceiras que todos temos, você provavelmente se poria a coçar o braço, a perna ou o rosto na mesma hora. Provavelmente você já está se coçando, não está?

Lembra-se da moda das tábuas mediúnicas, de muitos anos atrás? Você se lembra que as pessoas se admiravam de que esse dispositivo soletrasse respostas para todo tipo de pergunta? Espero não estar contribuindo para o fim de um mito ao dizer que tudo aquilo não passava de sugestão. Talvez uma sutil auto-sugestão, mas ainda assim sugestão.

Quer uma prova disso? Amarre um pequeno objeto, como um anel, na extremidade de um pedaço de barbante com cerca de 25 cm de comprimento. Depois disponha sobre uma mesa cinco cartas de baralho com a face voltada para cima. Segure o barbante por uma das pontas, de modo que o anel fique cerca de 3 cm acima das cartas, uma de cada vez; dê um pequeno impulso inicial ao anel sobre a primeira carta. Você vai constatar que o anel *sempre* balança de um lado para o outro sobre as cartas pretas e *sempre* gira em círculos sobre as cartas vermelhas.

Memorize essa relação, exata e decididamente, antes de fazer a experiência. De um lado para o outro sobre as cartas pretas e em círculos sobre as vermelhas. Faça isso agora, se quiser, ou peça a um amigo que o faça, e você verá que tenho razão. Deixe o anel por alguns instantes sobre cada carta para que ele tenha tempo de fazer um ou outro movimento. É claro que isso é apenas um exemplo de auto-sugestão; um exemplo de como a sua mente controla as ações físicas, tão sutilmente às vezes que você talvez nem o perceba.

Compreenda, portanto, que se você se forçar a acreditar-se capaz de fazer certas coisas — tendo entusiasmo por elas — isso vai facilitar em muito a realização delas de fato. Temos disso um bom exemplo na história do vendedor que sempre se referia a si mesmo como o "homem de US$ 25.000 por ano". Todo ano, ele conseguia ganhar cerca de US$ 25.000 em comissões.

Houve um ano em que o território dele foi reduzido em 30%, mas ele ainda ganhou US$ 25.000. No ano seguinte, o território foi reduzido novamente mas ele ainda conseguiu ganhar os seus US$ 25.000. No ano seguinte, ele foi enviado a um território virgem, uma área onde o produto que ele vendia nunca havia sido vendido antes. No entanto, ele ganhou apenas US$ 25.000!

Veja você: ele tinha como ponto absolutamente pacífico que não era capaz de ganhar mais do que aquela quantia. Ele sugerira essa idéia a si mesmo durante anos, e acreditava nela. Por isso, nunca havia tentado ganhar mais. Se ele estivesse num território onde fosse difícil ganhar US$ 25.000, ora, ele se esforçaria muito mais para garantir esse rendimento. Mas se fosse mandado para um lugar onde fosse fácil ganhar esse tanto, ele trabalharia de acordo com a situação e ficaria despreocupado; sabia que não ganharia mais de US$ 25.000 em hipótese alguma — então para que trabalhar tanto?!

Isso pode parecer tolice para você, mas todos nós temos esse costume. Por quê? Eu não sei. Formamos opiniões a respeito de nós mesmos; classificamo-nos e estabelecemos cotas, talvez subconscientemente, que raramente tentamos superar. A solução para o nosso vendedor que ganha US$ 25.000 por ano é simples — ele precisa convencer *a si mesmo* de que ele é um homem de US$ 50.000 por ano!

A mesma solução vale para todos nós. Pare de ter tanto medo do fracasso, que o faz visar os objetivos que você se sabe capaz de alcançar facilmente. Estabeleça objetivos mais elevados; se eles realmente estiverem um pouco além de você, você logo o descobrirá — mas provavelmente terá ultrapassado em muito o objetivo estabelecido originalmente. Comece a tentar atingir esse objetivo com entusiasmo, e os erros não intimidarão você. Diga a si mesmo que cada erro que você comete é um erro que não cometerá da próxima vez!

Tome a decisão de vencer; esforce-se para vencer com entusiasmo e você estará próximo da vitória. Se você é o tipo de pessoa que se contenta em evitar o fracasso e não em alcançar o sucesso, é porque sempre enxerga primeiro a metade vazia da garrafa. Você é um daqueles que "quase chegaram lá", sobre os quais eu escrevi, que poderia ser muito mais bem-sucedido se visse a primeira metade cheia. Você é o vendedor que tem medo de tentar ganhar mais de US$ 25.000 porque não se acredita capaz disso. É o escritor em potencial que nunca escreve nada porque não quer correr o risco de não conseguir. Você está sempre deixando uma "saída" para si mesmo. Sua atitude é: "Vou tentar, mas se eu não conseguir, sempre vou ter um jeito de escapar fazendo isto e isto em vez daquilo."

Se você deixar uma saída para si, na maioria das vezes vai se concentrar mais em escapar por essa "saída de emergência" do que em alcançar o objetivo postulado. Guilherme, o Conquistador, se encurralou voluntariamente num canto quando invadiu a Inglaterra. Incendiou seus navios nas praias assim que desembarcou, não deixando escapatória para o seu exército. Então, ele *teve* de vencer; não teve tempo de pensar numa saída de emergência caso perdesse — não *havia* saída!

O único egoísmo que compensa

Sem egoísmo não haveria motivação. Escrevi sobre o egoísmo em diversas partes deste livro e disse que alguns tipos de egoísmo são bons para você. O ruim é aquele tipo mesquinho e o tipo que faz mal aos outros.

Todavia, eu compreendo que o egoísmo é o que dá a cada indivíduo a força, a motivação e a iniciativa de que ele dispõe. Já me apresentei para muitos grupos de vendas e firmas comerciais, nas cerimônias em que os mais bem-sucedidos recebiam recompensas e troféus. Sempre notei que esses homens eram egocêntricos e interesseiros o bastante para querer ser líderes em suas áreas de atuação, e acho que isso é muito bom.

Esses mesmos homens tinham a capacidade de se interessar entusiasticamente pelos outros, especialmente pelos seus clientes. Leia qualquer livro sobre técnicas de vendas e você verá que, para vender para clientes difíceis, você precisa antes se interessar por *eles*, não por si mesmo e pelo dinheiro que você vai ganhar se vender para eles.

Interessando-se pelos problemas comerciais *deles*, você saberá de que modo o seu produto poderá ajudá-los.

Eu uso os vendedores como exemplo porque todos nós somos vendedores. Mesmo sem sair às ruas para vender um determinado produto, estamos todos sempre procurando vender a nós mesmos, as nossas idéias e pensamentos, a nossa personalidade. Como quer que você ganhe a vida, você é um vendedor!

Dito isto, vamos voltar à nossa premissa original sobre o interesse pelos outros. Visto que é impossível para a mente concentrar-se em duas coisas ao mesmo tempo, o hábito de pensar nos outros fará com que você pare de se preocupar e de pensar demasiado em si mesmo.

Já disse que "nenhum homem é uma ilha", mas muita gente vive a vida inteira exatamente assim — como uma ilha. Se você não tem o menor interesse pelos problemas dos outros, eles, por sua vez, não terão nenhum interesse por você.

Você vive cercado por um muro imaginário. Não consegue sair e ninguém consegue entrar. Você só será capaz de transpor esse muro se demonstrar algum interesse pelos outros. Se no início você sentir que não está chegando a lugar nenhum, será preciso tornar esse interesse pelos outros, e pelo que quer que você esteja fazendo, um pouco mais dramático — ou, em suma, entusiástico. Tente e verá!

Pensar nos outros e não em si mesmo

Isto é muito importante. Já faz muitos anos, pedi a um camarada que ganhava milhões de dólares por ano para me contar, em poucas palavras, o segredo do seu sucesso. Sem hesitar, ele respondeu: "Eu não penso em mim mesmo, mas nos meus clientes." Ele era administrador e gerenciava pessoas, suas finanças, impostos e assim por diante. E estava absolutamente certo, em sua definição, porque o sucesso dos clientes acarretava automaticamente o sucesso dele.

Quando pensei nisso, compreendi que se trata de uma filosofia de acordo com a qual tenho vivido e à qual tenho sido fiel desde o princípio da minha carreira. Quando sou contratado para escrever um livro, ponho-me a pensar no editor — eu gostaria de fazer um livro que seja uma vantagem para o editor, que faça grande sucesso. Penso no meu agente literário — o sucesso de meu livro seria uma grande contribuição à agência. Penso também no consumidor — a pessoa que vai entrar numa livraria e comprar o livro. Eu quero dar a essa pessoa mais do que o dinheiro pode comprar.

É óbvio que, se eu conseguir fazer isso, se eu conseguir dar ao meu editor um livro que venda e conseguir fazer o consumidor feliz, também eu necessariamente me darei bem.

Esse tipo de pensamento sempre foi, e ainda é, uma grande ajuda para mim. Eu faço uso dele em quase tudo o que diz respeito à vida profissional. Quando estou sendo entrevistado por um repórter de jornal, sintonizo minha mente nessa linha de raciocínio — "Eu quero ajudar esta pessoa a fazer uma reportagem forte, de qualidade. Gostaria que ela fosse elogiada pelo editor. Portanto, vou dar a essa pessoa a melhor entrevista que puder" — e assim por diante. É uma atitude quase infalível. Ela me ajuda a afastar a minha mente de mim mesmo e permite que eu revele o meu lado melhor, pois estou pensando na outra pessoa.

Quando me apresento como o orador principal num evento empresarial, penso no funcionário da empresa, ou na agência de publicidade que foi diretamente responsável pela minha contratação. Quero que essa pessoa receba os créditos, que ela seja cumprimentada por ter tido a idéia luminosa de trazer Harry Lorayne. A verdade é que se essa pessoa contratasse maus oradores duas ou três vezes, estaria em apuros; a agência de publicidade poderia perder a conta. Assim, faço um excelente trabalho pensando nessa pessoa. Isso não me prejudica em nada! Ajo exatamente do mesmo modo quando apareço na TV — penso no produtor e/ou no organizador do programa. Obrigo-me a pensar que eu quero ajudá-los, quero que *eles* se dêem bem.

Quando estou dirigindo um seminário sobre o desenvolvimento da memória, quero que os participantes aprendam a fazer com a mente e com a memória algo que nunca conseguiram antes, nunca imaginaram possível. Quero ver os olhos brilharem! É claro que essa atitude não é inteiramente altruísta. Por pensar assim, eu procuro ser o melhor professor de memória que existe; quero ter certeza de que os participantes aprenderam. Faço com que eles fiquem contentes comigo — depois, eles falam sobre mim e o meu sistema de ensino por anos a fio. Mais uma vez, isso não vai me prejudicar, não é verdade?

Essa filosofia funciona em qualquer época. As melhores equipes de vendas são aquelas que realmente querem ser úteis aos seus clientes; querem que os seus clientes — os compradores — brilhem aos olhos de seus empregadores. Quando os agentes de seguros e agentes imobiliários realmente querem fazer o melhor por seus clientes, e por um instante param de pensar nas suas comissões, eles instilam confiança e garantem a continuidade da relação comercial com os clientes.

Conheço um homem que dirige um estúdio de gravações onde faz fitas "demo" para artistas que aspiram fazer carreira na música instrumental ou vocal. Ele sempre pensa primeiro no cliente, e essa é a sua prioridade básica. "Como melhorar o 'som' dele?" E o meu conhecido melhora mesmo o som dos que vão gravar no seu estúdio, embora às vezes tenha de trabalhar mais tempo e aumentar o custo. Porém, está sempre lotado de clientes; as pessoas brigam para serem incluídas na programação do estúdio, porque ele pensa e age assim.

É impossível que você se dê mal se puser essa idéia em prática. Ainda que ela não funciona para você — o que acho difícil de acreditar —, você não ficará numa situação pior do que se não a aplicasse. Não consigo crer que ela não torne você melhor em todos os sentidos.

A questão crucial é: você quer que os outros se interessem por você? É fácil — interesse-se por eles e *demonstre* o seu interesse.

CAPÍTULO 4

Pense Bem e Consiga Bons Resultados

Pensar é o trabalho mais árduo que existe, e provavelmente é por isso que tão poucos se dedicam a esse exercício.

Henry Ford

O que é pensar? De imediato, eu diria que "pensar" não é fácil de definir. Um dicionário que consultei tinha cerca de trinta definições ou acepções diferentes para a palavra "pensar".

Dentre todas essas, as três seguintes pareciam as mais apropriadas: (1) estudar bem; meditar; ponderar; raciocinar; refletir continuadamente para chegar a uma decisão; compreender ou resolver; (2) ter em mente, recordar ou lembrar; (3) prever ou esperar.

Essas três definições nos dão um quadro muito abrangente do que é o pensar. Pensar no presente é principalmente resolver problemas; pensar no passado é lembrar; e pensar no futuro é prever.

Essas três atividades, naturalmente, são muitíssimo importantes. Nossa vida é continuamente afetada pelo modo como resolvemos nossos problemas, tanto os pequenos quanto os grandes. Lembrar é essencial para a solução dos problemas; as lembranças contêm as nossas experiências e conhecimentos, e é desnecessário dizer que é muito mais fácil resolver um problema se você tem alguma experiência sobre o assunto. Prever é projetar-se no futuro ou planejar previamente. Para resolver problemas ou tomar decisões, temos de pensar nos resultados. Pensar nos resultados é a mesma coisa que prever.

Sem querer descobrir agora se uma pessoa que está perfeitamente satisfeita é feliz, eu gostaria de assinalar que nós pensamos a fim de satisfazer uma necessidade. A pessoa que está completamente satisfeita não tem necessidade de pensar e, por isso, não pensa. Visto que cada um tem o seu próprio conceito de felicidade, essa discussão é inútil. Na minha opinião, porém, a pessoa que não pensa não pode realmente ser feliz — satisfeita, talvez; mas não feliz. A. B. Alcott afirmou: "Pensamento é vida, já quem não pensa não vive num sentido elevado ou verdadeiro. O pensamento faz o homem."

O pensamento claro e eficiente é o maior recurso do ser humano. A toda hora alguém nos diz que a única superioridade que o homem tem sobre os outros animais é a capacidade de pensar. A maior parte dos animais sabe procurar a própria subsistência com muito mais eficiência; consegue se movimentar melhor e mais rápido na terra, no mar e no ar; alguns deles vivem mais tempo e são mais fortes do que os seres humanos. É fundamentalmente a capacidade de pensar que nos distingue dos outros animais.

Um número excessivo de pessoas, no entanto, não dá a devida atenção a essa capacidade. Elas supõem, talvez, que o pensar seja algo que simplesmente acontece; não empenham tempo e esforço para desenvolver o pensamento. Infelizmente, isso tende a formar um daqueles círculos viciosos de que sempre estamos ouvindo falar. Entenda: se você não dá o devido valor ao hábito de pensar, se você não pensa correta e claramente, é provável que você nem se dê conta disso, porque nunca pensa a respeito. E se você não medita sobre o fato de não estar pensando direito, nunca vai compreender que isso não pode continuar assim. Captou agora o processo desse círculo vicioso?

A arte do pensamento eficiente

O pensamento eficiente é uma arte, e a arte é vivificada e conservada pela prática e uso constantes, como a pintura e a música. George

Bernard Shaw declarou uma vez a respeito de si mesmo: "Poucas pessoas pensam mais de duas ou três vezes por ano. Eu fiquei famoso no mundo inteiro porque tenho o hábito de pensar uma ou duas vezes por semana." Não posso deixar de concordar com ele. Não sei se ele realmente pensava uma ou duas vezes por semana — nunca tive o prazer de conhecê-lo pessoalmente —, mas é preciso concordar que pouquíssima gente tem o hábito de pensar clara e eficientemente.

Na maioria das vezes, nosso pensamento é turvo e enganoso. Talvez isto não seja tão mau quanto o não pensar em absoluto — mas também não é nada bom. O simples conhecimento das razões, raízes e causas do pensamento incorreto tem o poder de nos levar a fugir desses erros. Você vai encontrar algumas dessas indicações — as que considero as mais importantes — neste capítulo e no capítulo seguinte.

Uma das razões é a era febril em que vivemos. Muita gente passa pelo menos um terço do dia num emprego penoso e aborrecido, onde não há necessidade de pensar — ou, o que é mais comum, onde elas acham que não há. Uma outra parte das suas horas de vigília elas a passam provavelmente sentadas em frente à televisão. Mais uma vez, também neste caso em geral não se exige nem se pede que a pessoa pense. Ou elas consomem as suas horas de lazer num cinema, assistindo a uma sessão dupla de filmes de horror, deixando, talvez, algum tempo para a leitura de jornais — a seção de esportes para os homens, a seção de modas para as mulheres — e de revistas em quadrinhos, e assim por diante até a hora de dormir.

Como mudar essa situação? Não vou sugerir que a televisão, o cinema e os jornais sejam proibidos, pois acho que não viveríamos tão bem sem eles. Estou apenas tentando acentuar a importância de tirar algum tempo para pensar. É isso mesmo: *tirar tempo* para pensar. Você não acha que a capacidade de pensar eficientemente merece pelo menos tanto tempo quanto a leitura diária dos jornais?

Eu acho. Especialmente no caso de pessoas como as envolvidas na seguinte notícia de jornal. Parece que o Serviço Secreto norte-americano em St. Louis foi consultado por alguns indivíduos que queriam saber se houvera um excedente de notas de dois dólares. A notícia diz que essas pessoas tinham tido a "oportunidade" de comprar um pacote de 25 notas de dois dólares por US$ 95! O pacote de notas vinha rotulado como "excedente". O pessoal do Serviço Secreto mandou-as estudar a tabuada.

Lembre-se de que não se consome mais energia para usar o cérebro do que para mantê-lo vivo; por isso, você não precisa ter medo de usá-lo. Parece ser verdade que a vida, às vezes, é uma luta em que vence o mais inteligente; então, por que travar a batalha desarmado? Aprenda a fazer uso do mecanismo mais fantástico que existe — o seu cérebro.

Faça uso da "ignorância inteligente"

Na verdade, além da capacidade natural de pensar que nos foi dada por Deus, mais duas coisas são necessárias para se pensar *eficientemente*. São elas o conhecimento e a organização. A razão pela qual você não consegue pensar claramente sobre certos problemas é que você não dispõe de uma base suficiente de conhecimento ou experiência sobre esses problemas. Se você não tem conhecimento de um assunto, não tem nenhum ponto de partida para as idéias; ou senão vai pensar a partir de uma premissa errada, isto é, vai pensar incorretamente. Já que a idéia é o movente da ação, o mais provável é que você aja mal e faça a coisa errada.

Sua próxima preocupação deve ser como obter os conhecimentos necessários. Também neste caso, se eles dizem respeito a um problema específico que você tem de resolver, será preciso reservar um tempo para sair em busca deles. Quanto aos problemas que não são precisos e específicos, o conhecimento só pode ser adquirido por meio da experiência, do convívio social em geral, da escuta atenta ao que os outros têm a dizer e da leitura.

Não pense que, só porque você conversa com outras pessoas quase o tempo todo e lê muito, você está necessariamente adquirindo todos os conhecimentos com os quais tem contato. Talvez esteja faltando um elemento muito importante — o *interesse*. Você precisa ter um interesse e/ou curiosidade espontâneos e autênticos sobre um assunto para obter muitos conhecimentos a respeito dele. Uma boa maneira, a propósito, de interessar-se pelos outros é parar de pensar tanto em si mesmo. Fale menos e ouça mais, e você talvez aprenda alguma coisa. Uma outra maneira de adquirir conhecimento é ler com a mente e não só com os olhos.

O vendedor que quer ter uma resposta pronta para qualquer objeção precisa conhecer profundamente o seu produto. Ele considera seu dever aprender tudo o que pode sobre ele. O executivo que tem fama de sempre ter uma boa idéia na mesa de reuniões parece estar retirando essas idéias do bolso do colete, mas nada poderia estar mais longe da verdade. Geralmente ele passa muito tempo estudando todos os problemas que podem surgir. Não é do tipo que interrompe sua capacidade de pensar no momento em que sai do escritório. Ele faz pesquisas minuciosas sobre o seu negócio; está sinceramente interessado nele.

Eis aí uma tarefa própria para você. Se quiser pensar clara e eficientemente a respeito do seu próprio ramo de atividade (ou de qualquer outra coisa), aprenda tudo o que puder sobre ele!

Depois de obter os conhecimentos adequados sobre um assunto — e saiba que a gente nunca pára de aprender —, você precisa organizar suas idéias. A organização é tão crucial para a clareza de pensamento quanto para qualquer outra coisa. Suponha que você tenha *algum* conhecimento de como um aparelho de rádio se estrutura e de como ele funciona. Um belo dia você descobre que o seu rádio parou de funcionar, e é dominado pelo desejo súbito de consertá-lo você mesmo. É claro que, se você tivesse experiência nesse tipo de serviço, não teria de se preocupar em organizar suas idéias; elas já estariam muito bem organizadas. Todavia, supusemos que você tem só um pouco de conhecimento do assunto.

O que muitos fazem nessa situação é o exemplo perfeito de um pensamento ineficaz. Eles tiram um resistor aqui, mexem num condensador ali, afrouxam alguns fios e sacodem algumas válvulas. O conhecimento que eles têm realmente sobre o assunto fica inativo devido à desorganização. Um pensador organizado tenta primeiro compreender a essência do problema. Qual é o defeito do rádio? Qual é o sintoma desse defeito e o que é que, pelo pouco que sei, causa esse sintoma em particular? Ah, sim, o condensador. Bem, verifique-o; mas verifique-o adequadamente, ou peça a alguém para verificá-lo para você. Você não sabe como testar um condensador? Descubra! Quando você descobrir, terá acrescentado à sua bagagem uma nova experiência, novos conhecimentos, que servirão de matéria para reflexão. Da próxima vez, você não precisará pedir a outra pessoa que faça o serviço por você.

Se você *sabe* que não tem a técnica apropriada para fazer uma determinada coisa, está bem perto de aprendê-la. Charles Kettering expressou-o da seguinte forma: "O homem precisa ter uma certa *ignorância inteligente* para chegar a algum lugar." (O grifo é meu.) Não há desculpa hoje para que uma pessoa seja simplesmente ignorante, mas sem a ignorância inteligente dificilmente teríamos algo em que pensar.

Sobre a organização: mesmo que você tenha todo o conhecimento do mundo sobre um assunto específico, ele não lhe será de muita valia se você não organizar as idéias ou não usar esse conhecimento de maneira apropriada. Se alguma vez você já tentou, e não conseguiu, desfazer pela força um emaranhado de cabides de arame, você sabe o que eu quero dizer. Você sabia que o metal não passa através do metal, mas tentou produzir exatamente esse fenômeno, em vão. Se você tivesse organizado suas idéias, como provavelmente acabou organizando, poderia ter desemaranhado os cabides sem muito trabalho.

Eu sei, e todos sabem, que é difícil esvaziar a mente de todos os pensamentos — estamos sempre pensando. Sim, estamos sempre pensando talvez, mas esses pensamentos não se organizam a menos que sejam direcionados para um objetivo definido. Não confunda devaneio com reflexão!

Se você ainda não dedicou muito tempo e esforço para aprender a se concentrar, é-lhe muito fácil recair no hábito de divagar. Isso acontece porque é necessária a concentração para manter as idéias caminhando em linha reta na direção de um objetivo. Uma idéia deve conduzir a ação, e a divagação raramente conduz.

Você não precisa fazer exercícios de concentração durante anos para conseguir cristalizar o pensamento (embora haja alguns exercícios de concentração no Capítulo 8). Existe uma saída mais rápida, que consiste em escrever enquanto se pensa! Parece uma idéia simples, eu sei, mas não a subestime. Da próxima vez que você estiver tentando chegar a uma solução ou a uma conclusão, criar ou inventar alguma coisa, e não tiver ido muito longe pelo simples pensamento, experimente escrever suas idéias.

A ação começa na hora em que você começa a escrever. Você fará progresso porque, assim que escreve uma idéia específica, é obrigado a passar para a seguinte, e assim por diante até alcançar o objetivo. Pensar sem concentrar-se ou sem escrever é algo efêmero demais, vago demais para produzir efeitos. Assim, parafraseando G. D. Boardman: "Para colher uma ação, semeie uma idéia."

Preconceito: acreditar naquilo que você quer acreditar

É importante compreender que o homem está sujeito às suas emoções desde muito antes de ser capaz de pensar. Raiva, frustração, prazer e medo são realidades arraigadas demais para serem completamente ignoradas. Porém, você tem de tentar pensar com a mente e não com as emoções. São as emoções que nos tornam sugestionáveis; são elas que nos fazem prisioneiros do preconceito e do hábito. Somos todos preconceituosos em muitos aspectos, e os nossos preconceitos inevitavelmente dirigem, moldam e distorcem o nosso pensamento.

"Preconceito" é exatamente o que parecer ser — a "pré-formação" de um conceito desfavorável sobre algo ou alguém. Hoje em dia, a palavra "preconceito" é freqüentemente usada como sinônimo de "intolerância", e "intolerante" muitas vezes é usada para dizer que fulano é um "fanático", geralmente no sentido religioso ou racial. Qualquer que seja a palavra usada, ela sempre significa que quem pensa desse jeito não pensa com eficiência.

Contudo, eu uso "preconceito" aqui no sentido em que consta do dicionário. Não forme conceitos sobre nada que você não conheça (já é muito difícil julgar corretamente quando se dispõe de todos os fatos) se quiser continuar caminhando para ter uma mente organizada.

Não estou propondo que nos livremos por inteiro das nossas emoções. Não só isso é impossível, como também indesejável. Se não tivéssemos emoções, seríamos parecidos com os personagens dos livros de ficção científica — apenas máquinas pensantes.

De fato, não podemos nos livrar das nossas emoções, mas podemos aprender a dominá-las ou mantê-las sob controle. Se você parar de pensar com a emoção, talvez pare de pensar radicalmente. Se você conhece uma mulher tola e pensa "Que tolas são as mulheres", está pensando radicalmente. Se, a respeito de alguém que conhece, você diz que "Ele é o pior jogador de cartas do mundo", está pensando radicalmente. Se fracassa em algo na primeira tentativa e diz "Nunca vou conseguir fazer isso" — bem, além de esse pensamento ser negativo, ele também é radical. O pensamento radical é, na maioria dos casos, um pensamento emocional e preconceituoso.

Ainda com relação a preconceitos e emoções no pensamento, não podemos prosseguir sem mencionar as justificativas. Todos nós elaboramos raciocínios que nos justificam, e provavelmente isso sempre acontecerá; mas se nos dermos conta desse fato, estaremos trabalhando para combater esse hábito.

Se você conhece alguém que considera o golfe um "jogo bobo, no qual um bando de marmanjos perdem tempo batendo com um taco numa estúpida bolinha branca", pode estar certo de que ele não é um bom golfista. Se ele é calvo, e não gosta muito disso, pode procurar salvar a própria situação acreditando em mitos do tipo: quanto mais ampla a testa, mais inteligente a pessoa (Quão inteligente você pode se tornar?) — ou, quando a pessoa pensa demais, o cérebro aumenta e faz cair os cabelos (Albert Einstein tinha uma bela cabeleira quando morreu), e outras teorias ridículas. (Em 1961, quando escrevi este livro, eu dizia: "Provavelmente, a esta altura, você já percebeu que eu mesmo estou me justificando um pouco — tenho uma vasta cabeleira, pelo menos por enquanto." Infelizmente, isso mudou de lá para cá.)

Do mesmo modo, se uma mulher diz que "os carecas são mais apaixonados, gentis ou atenciosos", pode apostar que ela é casada com um homem calvo e gostaria que ele não tivesse perdido os cabelos.

Muita gente não tolera que se dirija nenhuma crítica aos seus parentes ou amigos íntimos e elabora justificativas as mais escabrosas para os maus atos dessas pessoas. Não estou dizendo que isto seja errado; apenas que esse tipo de pensamento não contribui muito para que se enxergue ou se aceite a verdade.

Naturalmente, não é mais fácil admitir que os outros atribuem falsos motivos às suas ações ou crenças do que reconhecer que nós mesmos procedemos assim. As justificativas, na realidade, não passam de um meio de alimentar o ego, e *um pouco* disso não faz mal a ninguém.

Pois bem, a compreensão de que nós *somos* preconceituosos e sugestionáveis e tendemos a justificar o nosso modo de ser e agir deve conduzir, e vai conduzir, a um pensamento mais claro e mais eficiente. Uma coisa leva à outra. Seus esforços para organizar o pensamento vão ajudá-lo a destruir alguns dos seus preconceitos; e a compreensão de que você tem preconceitos vai organizar e clarear mais o seu pensamento.

É inevitável que a maior parte das pessoas tenha tendência de acreditar naquilo que quer acreditar. Se você não se esquecer de que o preconceito na realidade consiste em *querer* que alguma coisa seja verdade, mesmo que ela não seja, terá dado um grande passo rumo ao rompimento desses grilhões.

Como eliminar os hábitos nocivos de pensamento

O próximo passo é libertar-se de alguns dos hábitos de pensamento que você cultivou ao longo da vida. Muitas idéias suas só assumem determinada forma porque você permitiu que isso acontecesse muitas vezes. O fato de você ter pensado durante anos que alguns dados (?) são verdadeiros não os torna necessariamente verdadeiros. Sendo naturalmente preguiçosos e procurando sempre o caminho mais fácil, muitos homens e mulheres acreditam numa profusão de coisas sem jamais pensar realmente a respeito delas ou verificá-las. Robert Leavitt afirmou: "As pessoas não procuram conhecer os fatos para tomar uma decisão. Elas preferem uma boa emoção que satisfaça a alma a uma dúzia de fatos."

Um dos lugares-comuns que nós conhecemos é que, se um restaurante anuncia "comida caseira", então deve servir boa comida; mas é evidente que o *chef* de qualquer restaurante de primeira classe (que não serve comida caseira) é melhor cozinheiro do que a maioria das esposas (do que a minha, pelo menos).

Depois de algumas refeições caseiras que tive de comer em vários restaurantes, não sou mais enganado por esse tipo de anúncio. Posso experimentar e, se a comida for boa, ótimo — passo a ser freguês do lugar. Se não for boa — eis o que eu quero dizer: uma placa de "comida caseira" não é, de maneira alguma, um sinal de boa comida.

Já que estou falando de comida, será que alguém pode me explicar por que todo o mundo resolveu pensar que os motoristas de caminhão são *gourmets* e excelentes gastrônomos? Quantas vezes você já não ouviu alguém dizer: "A comida aí deve ser boa, todos os caminhoneiros param aí!"?

Se isso não é um paradoxo, não sei o que é. Não sou musculoso o suficiente para despertar a ira dos caminhoneiros, mas acho que eles vão concordar comigo em que alguns desses lugares onde param para comer servem uma comida de segunda categoria! Provavelmente, os caminhoneiros só param nesses restaurantes porque eles são os únicos abertos naquela determinada hora e naquele determinado trajeto. Um restaurante desses ou é o único na estrada, ou é a menor das desgraças.

O que estou querendo dizer é que é preciso pôr quase tudo em questão para pensar com eficiência. Não é preciso ser um cético inveterado; pare, porém, de ser maria-vai-com-as-outras. Se você dedicar tempo e esforço para examinar alguns desses "lugares-comuns do pensamento" de vez em quando, vai se libertar de alguns maus hábitos que afligem o seu pensar.

O pensamento, como qualquer atividade humana, adquire certos hábitos, e esses hábitos nem sempre são bons. Não se desviar dos próprios princípios ou ter "coragem de defender as próprias convicções" às vezes são coisas muito boas — lembre-se, no entanto, que Adolf Hitler teve coragem de defender as próprias convicções, apenas para citar um exemplo, e isso não o tornou são.

Não, a mim me parece que muitas vezes é muito louvável fazer um exame minucioso dessas convicções e ter coragem de admitir que elas são incorretas, se por acaso você constatar que elas *de fato* o são. Não é vergonha admitir que algo que você sempre pensou ser verdade não é. Ao contrário, é o primeiro sinal de que você está começando a esforçar-se para pensar por si mesmo, e para pensar com clareza — e isso é um passo adiante de que você pode se orgulhar.

Não é errado admitir que você está errado!

Quando Michael, filho de um amigo meu, estava com 7 ou 8 anos, teve um problema na escola: era alvo da gozação das outras crianças. Parece que a escola (uma escola particular, caríssima) não conseguia controlar nem resolver a situação. Isto é, eles a resolveram — permitiram que a coisa continuasse. Michael perpetuava o problema pelo modo como reagia, deixando claro que as gozações o afetavam. Nós sabemos que as crianças podem ser muito cruéis. Quanto mais ele chorava, mostrava que estava perturbado e tentava discutir ou devolver a gozação, mais gozação faziam dele. A situação chegou a tal ponto que ele não queria mais ir à escola.

Finalmente ajudei-o a resolver o problema contando-lhe como eu o resolvi quando estava na escola. Se, por exemplo, quando estava jogando beisebol, eu cometia um erro bobo, a gozação começava imediatamente. Eu costumava *aceitá-la* na mesma hora. E, o mais importante, eu a tornava pior do que já era!

Quando um outro menino dizia em tom de gozação: "Seu bobo, você deixou cair a bola; mão de moça, mão de moça", eu respondia: "É mesmo, nem acredito que eu seja tão desajeitado; esse deve ter sido o pior erro na história do beisebol!" Eu concordava com o(s) gozador(es) e exagerava ainda mais a gozação. "Rapaz, você já viu um erro mais estúpido do que esse?! E eu achava que sabia jogar beisebol — achava que sabia pegar uma bola." Eu superava os gozadores! E na maioria das vezes, eles paravam com a gozação e tentavam me consolar. "Ora, vamos; não foi tão ruim assim. Qualquer um poderia ter cometido o mesmo erro", e assim por diante. Acabávamos ficando amigos.

Michael tinha a tendência de perder a capacidade de ação quando era chamado à frente da sala para responder às perguntas do professor.

Gaguejava, hesitava, dava respostas incorretas ou simplesmente ficava em silêncio. A gozação começava quando ele voltava à sua carteira. Ela tomava a seguinte forma: "Burro, burro; o Michael é um burro!" Sugeri a ele que concordasse e a tornasse pior do que era. "Rapaz, sou mesmo um burro; acho que essa foi a coisa mais estúpida que eu já fiz." E/ou "Acho que eu sou o cara mais burro do mundo — simplesmente fiquei ali parado." E/ou "Como pude ser tão burrão?" Disse-lhe que exagerasse a coisa, se rebaixasse, sempre que alguém começasse a fazer gozação. Funcionou; a gozação acabou. Eu sabia que ela acabaria, pois a técnica havia funcionado para mim.

Por que estou lhe contando isso? Bem, se você for pai, mãe ou parente de uma criança que está sendo gozada pelos colegas, poderá ensinar-lhe a idéia. Mas a razão principal é que o conceito permaneceu comigo à medida que fui crescendo — e simplesmente se transformou no hábito de admitir que eu estava errado! Descobri que isso é muito importante tanto na vida pessoal quanto na profissional.

O que piora ainda mais a ineficiência de hoje em dia é que a pessoa que comete um erro, embora esteja completamente errada, raras vezes o admite. Pior — ela vai culpar *você* por isso; vai agir como se você é que estivesse errado. Não é assim que se conquista a boa vontade alheia, nem é assim que se atraem e conservam clientes.

Anos atrás, quando eu fazia uma apresentação — que consistia em executar proezas mnemônicas para entreter o público —, eu achava que ela tinha de ser perfeita, que eu não podia "esquecer" nada. Quando eu "esquecia" alguma coisa, isso me perturbava, me tirava a concentração e me prejudicava. Todos percebiam. Afinal, cresci. Quando eu não me lembrava de alguma coisa (provavelmente, eu me lembro de mais coisas durante uma apresentação do que a maioria das pessoas se lembra durante anos), eu simplesmente o confessava, rindo de mim mesmo. (Atualmente, eu digo à platéia que eles estão presenciando um momento histórico — o famoso especialista em memória "esqueceu!") A platéia ria comigo; minha concentração não era afetada e eu percebia que, na maior parte das vezes, o público se divertia mais do que o habitual e *achava que eu estava brincando*!

É quase uma regrinha — ria de si mesmo antes que os outros riam de você ... e então eles vão rir *com* você, se é que vão rir.

CAPÍTULO 5

Pense com Lógica e Ninguém Poderá Detê-lo

"Eu não sei muita coisa; não posso me aventurar sozinho no mundo."

"Não se preocupe demais com as coisas que você não sabe. O que o põe em dificuldades são as coisas que você sabe, mas que não existem!"

Não tenho a intenção de entrar num debate detalhado sobre a lógica neste livro. Não quero transformá-lo num tratado técnico, que exigiria o uso e a explicação de palavras e expressões tais como dilemas complexos, redução indireta, proposição subordinada, divisão e definição.

Contudo, quero fazer uma menção breve a um aspecto do assunto. A filosofia prática consiste em dois ramos: ética e lógica. O estudo de cada um desses ramos corresponde a um curso universitário integral, razão pela qual eu não posso examinar nenhum dos dois completamente, de forma detalhada.

Existem também dois ramos da lógica: a epistemologia — que estuda a natureza da verdade e do conhecimento certo da verdade — e a dialética — que tem mais a ver com o meu propósito, pois trata dos *métodos corretos de pensar para chegar à verdade.*

A dialética postula três operações principais do intelecto: (1) Apreensão Simples. (2) Juízo. (3) Raciocínio.

A Apreensão Simples é a captação de um objeto pela mente; é a simples *consciência* dele, e nada além disso. Por outro lado, se você pensasse "Essa fruta é *redonda*", estaria fazendo um Juízo. A Apreensão Simples seria a constatação de que "Isto é uma fruta". Se você tomasse consciência de uma garota que vem caminhando na sua direção e pensasse: "Eis uma garota", isso também seria uma Apreensão Simples.

Ora, para chegar a um Juízo, são necessárias duas Apreensões Simples relativas ao mesmo objeto. Usando a fruta como exemplo, a primeira Apreensão Simples é a percepção do fato de que o objeto *é* uma fruta. A Segunda Apreensão Simples é a de que ele é redondo. Isto leva você ao Juízo: "Essa fruta é redonda." Sua primeira Apreensão Simples foi: "Eis uma garota." Se você pensa: "Essa garota é *bonita*", você faz um Juízo.

Mais alguns exemplos: "Isto é relva" é Apreensão Simples. "Esta relva é verde" é um Juízo.

"Isto é um livro" é Apreensão Simples. "Este livro é bom" é um Juízo.

"Eis um homem" é Apreensão Simples. "Eis um homem inteligente" é um Juízo.

Pois bem, assim como um Juízo depende de duas Apreensões Simples, do mesmo modo, dois Juízos são necessários para que haja um Raciocínio. Se os dois Juízos o levam a um terceiro Juízo ou conclusão, você está raciocinando.

Eis um exemplo simples:

Este livro é bom. (Primeiro Juízo)

Gostei de ler este livro. (Segundo Juízo)

Portanto, eu gosto de bons livros. (Conclusão)

O pensamento correto nunca o decepcionará

Embora haja dois tipos de Raciocínio — Indução e Dedução —, aqui só nos interessa a Dedução. Aliás, somente uma pequena parte da

Dedução. A lógica é uma arte e uma ciência, e se você está interessado em examiná-la mais a fundo, existem muitos bons livros sobre o tema, como você já sabe.

A parte da ciência da Dedução que eu quero discutir é o Silogismo. O silogismo é a expressão do ato de raciocínio dedutivo. É uma inferência pela qual extraímos um novo juízo ou conclusão de outros dois juízos dos quais ele procede necessariamente, como mostrei acima.

O silogismo também é uma forma de pensamento e de raciocínio que todos nós usamos constantemente na vida cotidiana; a maioria das pessoas nem percebe que o está usando. É uma forma de pensamento que pode nos desencaminhar, e freqüentemente o faz.

Primeiro vou lhe dar um exemplo de silogismo:

1. Todos os homens são mortais.
2. Sócrates é um homem.
3. Logo, Sócrates é mortal.

É esse o exemplo clássico usado na maioria dos livros sobre lógica. Em essência, o silogismo consiste em pensar que se as duas primeiras premissas são verdadeiras, a terceira também o é (os dois juízos levam a uma conclusão). Os silogismos são sempre compostos de três passos isolados, embora normalmente a gente confunda os dois primeiros passos num só, e às vezes até os três num só.

Embora não se saiba disso, nós sempre raciocinamos por silogismos; se eles não forem utilizados apropriadamente, poderão produzir um pensamento ou raciocínio falacioso.

Eles podem pecar por basear-se numa falsa premissa; pelo uso de um único caso particular para demonstrar um juízo geral; pelo erro muito comum de substituir *alguns* por *todos*. Pensando um pouco, você será capaz de criar um exemplo de cada um desses casos. Embora o raciocínio e o esquema de pensamento estejam totalmente corretos, vão levar você a uma conclusão falsa.

Para dar um exemplo:

1. As sopas são sempre servidas quentes.

2. Vichysoisse é uma sopa.
3. Logo, vichysoisse é sempre servida quente.

O raciocínio neste exemplo é perfeito, mas a conclusão é incorreta, e isso simplesmente porque a premissa original, o ponto de partida do pensamento, é falsa. Nem todas as sopas são servidas quentes e, de fato, a vichysoisse é uma sopa fria. É claro que este tipo de silogismo nos lembra uma forma de preconcepção; nós definimos toda uma classe de coisas a partir de um exemplo.

Você também pode chegar a uma conclusão incorreta mesmo que a premissa original esteja correta. Neste caso, substituímos ilogicamente "alguns" ou "um" por "todos":

1. Joe Jones é mentiroso. (Verdadeira)
2. Joe Jones é político. (Verdadeira)
3. Logo, todos os políticos são mentirosos. (Falsa)

Além do mais, a própria palavra "todos" pode dar origem a uma premissa incorreta:

1. Todas as mulheres são más motoristas.
2. Jane Jones é mulher.
3. Logo, Jane Jones é má motorista.

Bem, talvez ela seja; por outro lado, talvez ela seja uma motorista habilíssima.

Até que ponto o seu pensamento é correto?

Não diga que o seu pensamento nunca segue essas linhas errôneas. A maioria das pessoas pensa assim. A "comida caseira" e "o motorista de caminhão pára ali" mencionados no capítulo anterior são bons exemplos disso. E quantas vezes você já viu um clarão vermelho no céu na hora do crepúsculo e disse: "Olha o céu! O dia vai estar bonito amanhã"?

Entende o que eu quero dizer? A falsa premissa é que sempre que o céu está vermelho no pôr-do-sol, o dia seguinte será bonito. A mesma coisa vale para um céu nublado — ele não trará chuva necessariamente.

Mesmo que o pensamento silogístico o leve a uma conclusão correta, ainda assim seu raciocínio poderá ser errôneo. Por exemplo, se você raciocinou que:

1. Todos os animais são carnívoros.
2. Os cães são animais.
3. Logo, os cães são carnívoros.

Você teria concluído por um fato verdadeiro — os cães *são* carnívoros. No entanto, o pensamento não teria sido correto, visto que a premissa é incorreta. Nem *todos* os animais são carnívoros, como você bem sabe.

Esse é um dos problemas próprios do pensamento organizado. Quando você está pensando em fatos que você conhece precisamente, é difícil cair numa armadilha silogística, por assim dizer. Mas quando os elementos do seu pensamento são coisas relativamente novas, que você não conhece muito bem — é aí que você deve ficar alerta. A título de exemplo, examine os dois silogismos seguintes e responda a estas perguntas: Qual dos dois raciocínios é evidentemente incorreto? Ambos são incorretos? Neste caso, qual deles lhe pareceu incorreto imediatamente?

1. Todos os X são Y.
2. Todos os Z são Y.
3. Logo, alguns X são Z.

1. Todos os cães são animais.
2. Todos os gatos são animais.
3. Logo, alguns cães são gatos.

Caso você ainda não o tenha percebido, esses dois silogismos são exatamente iguais. Evidentemente, você percebeu que o segundo era incorreto assim que leu a sua conclusão. Mas não demorou um pouco mais para decidir a respeito do primeiro silogismo? Se demorou, você compreende o que estou querendo dizer.

Cães e gatos são coisas conhecidas; você sabe o que eles são. As letras representam realidades indeterminadas; na verdade, elas podem significar qualquer coisa, até mesmo coisas que tornariam correta a conclusão do silogismo — mas ainda assim o pensamento seria falho.

Por isso, para usar o pensamento ou o raciocínio silogístico, procure verificar os fatos e as informações e faça um esforço para entender as partes componentes do silogismo.

Talvez você ache que esses exemplos são banais, e eu concordo. No entanto, não pude deixar de empregá-los. Não tenho como investigar a sua mente e conhecer os seus problemas ou idéias particulares para usá-los como exemplos. Meu desejo é simplesmente mostrar-lhe um processo. Uma vez que você o compreenda, cabe a você aplicá-lo à sua maneira de pensar e aos seus problemas pessoais.

Você é influenciado pela propaganda de massa?

No capítulo anterior, eu disse que é bom estar sempre questionando as coisas. Não considere uma idéia como uma verdade absoluta só porque ela é proclamada em alta voz, repetitivamente, por pessoas ou instituições que você foi levado a considerar incapazes de mentir. Robert Lynd disse: "É mais fácil acreditar numa mentira que se ouviu mil vezes do que acreditar num fato que nunca se ouviu antes." Além do mais, se a mentira que se ouve repetidas vezes é muito grande, a tendência a acreditar nela é ainda mais forte.

Isso é exemplificado pelas tendências da propaganda moderna. Algumas cervejarias são as que mais cometem transgressões; elas usam as três técnicas — repetição, sonoridade e fontes supostamente inatacáveis. Talvez seja a minha imaginação, mas eu tenho quase certeza de que o volume da televisão ou do rádio aumenta a cada vez que um comercial de cerveja (ou qualquer outro) é veiculado.

Quanto à repetitividade, é desnecessário insistir no assunto. O fato de que muitas expressões e *jingles* dos comerciais se tornam parte da linguagem cotidiana — e são assobiados constantemente pelas pessoas na rua — é disso uma prova suficiente.

A imagem do "figurão" já é há muito tempo um dos expedientes principais de algumas empresas de publicidade. Milhões de dólares se gastam todos os anos para que personalidades famosas associem sua imagem a uma grande variedade de produtos.

O modo silogístico de pensar, ilogicamente, leva as pessoas à conclusão esperada pelos anunciantes:

1. Joe Jones é um famoso astro do cinema.
2. Joe Jones fuma cigarros da marca X.
3. Logo, os cigarros da marca X devem ser bons.

Por quê? Por que as pessoas pensam dessa maneira, se a única parte evidentemente verdadeira do silogismo é a primeira premissa? Ninguém é ingênuo a ponto de acreditar que Joe Jones usa de fato todos os produtos a que empresta o seu nome. E ainda que usasse, o que afinal torna o sr. Jones um modelo de avaliação? Talvez ele seja um excelente ator, mas pelo que sei, não há nada que o situe como autoridade indiscutível em matéria de cigarros.

A resposta é que todos nós gostamos de tomar o caminho mais fácil, o que exige menos esforço. Não tenho queixas contra as empresas de publicidade. Elas estão fazendo, e fazendo bem, o seu trabalho. Também não tenho querelas com os fabricantes. Eles querem vender o máximo de produtos possível — e se os comerciais que mencionei aqui não os vendessem, eles não estariam no ar.

Portanto, não me interprete mal. Nada de errado com os comerciais, no que me diz respeito, mas não deixe que eles obscureçam o seu pensamento. Você já viu ou ouviu comerciais de dez diferentes marcas de cerveja que alegam ser as mais vendidas do país. Ora, não é preciso raciocinar muito para compreender que isso é impossível. Só *uma* marca pode ser a mais vendida.

Alguns comerciais de pasta de dentes mostram a imagem de um camarada de avental branco, o que dá a entender que ele é médico ou dentista. Ele testou todas as pastas de dentes, veja você, e constatou que a marca X é a melhor. Mas será que você acredita mesmo que todos esses personagens são médicos ou dentistas? E se fossem, você acha que desperdiçariam o seu tempo testando pastas de dentes? E mesmo nesse caso, você não acha que eles deveriam coligir e verificar seus métodos e instrumentos de análise, já que todos eles apresentam resultados diferentes?

Uma das descobertas mais recentes da publicidade consiste em repisar a idéia de que um determinado produto é o único que contém a substância química XYZ. (Era uma descoberta "recente" em 1961, quando escrevi este livro — e ainda é amplamente utilizada.) Essa substância química torna esse produto melhor que todos os equivalentes. Evidentemente, muitos produtos anunciados têm uma outra substância química secreta. Você não acha que se esses ingredientes secretos fossem realmente tão vantajosos, os concorrentes não os acrescentariam também aos seus produtos? Pelo que me consta, as substâncias químicas são de domínio público e qualquer fabricante pode usá-las. E todo fabricante dispõe de químicos competentes e capazes, sem dúvida, de descobrir esse fabuloso ingrediente secreto.

Há alguns anos, havia fabricantes de pasta de dentes alardeando que os seus produtos não continham elementos abrasivos. Lembro-me que o meu dentista deu risada e me disse que se uma pasta de dentes não contivesse nenhum abrasivo, a gente bem que poderia escovar os dentes com creme de leite. São os abrasivos que limpam os dentes, removendo manchas e impurezas.

O homem que mora na parte nobre da cidade bebe a cerveja de uma determinada marca. Se você mora no bairro nobre, tem o dever de bebê-la também. Mas se você vive se deslocando entre o bairro nobre e a região decadente, acho que deve ter duas marcas de cerveja preferidas.

Chega desta crítica contra os comerciais; só quero deixar bem explícito que, para pensar com clareza, é essencial questionar constantemente e ficar na defensiva contra silogismos enganosos. A maioria dos produtos anunciados são bons, mas aprenda a pensar a respeito deles por si mesmo — investigue as coisas antes de aceitá-las como fato consumado. Escolhi os comerciais como exemplo para evidenciar esta questão, que se aplica ao raciocínio sobre qualquer coisa.

Quanto maior o vocabulário, maior o poder da mente

Quando a pessoa pensa, está na verdade conversando consigo mesma. Ela evoca mentalmente as imagens das coisas nas quais está pensando e debate sobre elas consigo mesma. Os cientistas demonstraram esse fato aplicando instrumentos sensíveis aos lábios e à laringe de pessoas enquanto elas estavam pensando; ficou provado que esses órgãos se movimentam na mesma velocidade do pensamento.

Quanto mais palavras você conhecer, mais fácil será para você pensar corretamente. Portanto, esforce-se para ampliar o seu vocabulário. Isso é fácil, mas muitos são preguiçosos demais para se dar a esse trabalho. Se você tivesse por hábito procurar no dicionário todas as palavras desconhecidas que você ouve ou lê, ou aquelas cujo significado não lhe é claro, seu vocabulário aumentaria de imediato.

Se não tiver um dicionário em mãos, anote a palavra num caderninho, que você deve levar sempre consigo. Quando estiver lendo em casa, a melhor coisa a fazer é procurar sem demora no dicionário a palavra desconhecida. Se você não fizer isso imediatamente, ou você esquecerá a palavra ou esquecerá de procurá-la. Não só isso — é sempre melhor saber exatamente o que uma palavra significa enquanto você ainda pode vê-la num lugar e num contexto específicos.

Há pouco eu disse que é bom, de vez em quando, ler com a mente e não apenas com os olhos. Você vai ficar surpreso ao descobrir como é gostoso ler e aprender ao mesmo tempo. Aprenda a selecionar suas leituras — leia algumas biografias, por exemplo; adquira informações sobre os grandes vultos da história e sobre como *eles* pensavam. Sempre se pode encontrar tempo para uma boa leitura, assim como para qualquer coisa em que você esteja interessado. Que diabo, se você tem de conversar consigo mesmo, por que não tornar essa conversa mais inteligente?

Exercícios para aumentar o poder mental

Você quer alguns exercícios para o pensamento? A leitura de bons livros é um deles. Um outro é solucionar problemas que não têm nada que ver com você. Experimente resolver até o fim um problema de palavras cruzadas. Se você nunca tentou, por que não tenta agora? Medo de não ir muito longe? Pode ser — mas você vai melhorar à medida que seguir em frente. Sabe por quê? Porque o seu vocabulário vai crescer a cada tentativa que você fizer, *se* você procurar no dicionário as palavras que não entendeu. Se você nunca teve nenhum interesse por palavras cruzadas, proponha-se um desafio. Desafie-se a chegar *bem perto* de resolver uma.

Se você gosta de brincar com charadas quando está entre amigos, está exercitando seus poderes mentais. Se quiser algo menos violento, menos "físico", experimente o joguinho que por falta de nome melhor chamo de "resolvemas". Na verdade, eles não passam de enigmas com uma certa peculiaridade. A idéia é a seguinte: uma pessoa inventa uma cena ou situação e o resto do grupo procura descobrir, pela lógica, o "porquê" daquilo. Para chegar a essa resposta lógica, o grupo faz à pessoa perguntas que só podem ser respondidas com "Sim", "Não" ou "Não vem ao caso". A pessoa que apresenta o problema só pode dar uma dessas três respostas a cada pergunta feita.

Vou lhe dar alguns exemplos. O problema poderia ser este: John está deitado na cama e está tendo dificuldade para pegar no sono. Ele vai até o telefone, disca um número e diz "Alô, Joe", desliga e depois volta para a cama, onde afinal adormece como um anjo.

As perguntas e respostas poderiam seguir mais ou menos esta linha:

Joe era amigo de John? Não (ou Não vem ao caso).

John ligou para pedir remédios para dormir? Não.

Ele estava precisando de um médico? Não.
Estava preocupado com alguma coisa? Não (ou Não vem ao caso).
Era casado? Não vem ao caso.
É importante descobrir por que John não conseguia dormir? Sim.
Ele estava com dores? Não.
Ele ligou para saber se havia alguém em casa? Não.
Ele sabia com certeza que Joe estava em casa? Sim.
Era Joe o motivo pelo qual John não conseguia dormir? Sim.
... E assim por diante.

Se você estava pensando, a última resposta deve lhe ter posto na pista do mistério. John está num quarto de hotel e não consegue dormir porque o sujeito no quarto ao lado está roncando muito alto! Então, ele pega o telefone e pede uma ligação para o quarto ao lado. Quando o telefone toca, Joe pára de roncar, pois tem de acordar e atender ao telefone. John diz "Alô, Joe" só para dizer alguma coisa — ele não conhece o ocupante do quarto ao lado.

Existe, portanto, uma resposta lógica e aparentemente óbvia ao problema proposto; todavia, quem não a conhece vai levar algum tempo para solucioná-lo. Se você gosta da idéia, aqui está um outro:

O sr. Jones está indo para o trabalho de manhã. Dá um beijo de despedida na mulher, entra no carro e parte. Roda cerca de seis ou sete quarteirões, depois faz um retorno repentino, dirige de volta para casa — e mata a esposa! Por quê?

Naturalmente, a primeira coisa que seus amigos detetives vão ter de descobrir é o que fez o homem voltar tão de repente. Se as perguntas forem bem planejadas, não vão levar muito tempo para descobrir que foi alguma coisa que ele ouviu no rádio do carro.

Eis a solução completa: ele sintonizou num programa que oferece brindes, um desses que ligam para as pessoas em casa. O sr. Jones ouviu-os ligar para a sua própria casa, e um *homem atendeu ao telefone*!

Tente inventar seus próprios "resolvemas" e veja se seus amigos são capazes de resolvê-los. Eis mais um exemplo para termos certeza de que você captou a idéia:

Cléo jaz morta sobre o carpete da sala de estar. Está cercada de água e pedaços de vidro quebrado. Tom está adormecido no quarto de dormir. Por quê?

A resposta disso é meio boba, mas mesmo assim é preciso alguma reflexão para vir a compreendê-la. Cléo é um peixinho dourado; a água e o vidro quebrados são de sua antiga casa — o aquário. Tom é o gato que derrubou tudo aquilo! É só isso.

Você já tentou resolver criptogramas? Eu nunca tinha tentado até há pouco tempo, e descobri que eles são um estímulo maravilhoso para o pensamento. Para resolver um criptograma, é preciso concentrar-se nele sem desviar a atenção. Se a mente se desviar, você está perdido. Se você aprender a manter a concentração, descobrirá que os criptogramas não são tão difíceis.

O que acontece num criptograma é que as letras da mensagem são substituídas por determinadas letras ou números. Cada criptograma segue um padrão definido. Assim que você encontrar esse padrão, poderá seguir em frente e decifrar a mensagem. O importante, porém, não é decifrar a mensagem, mas concentrar a atenção e trabalhar a clareza de raciocínio.

A forma mais simples de criptograma consiste em substituir a letra pelo número que representa a posição da letra no alfabeto. A é 1, B é 2, e assim por diante. A palavra "que" seria codificada da seguinte maneira: 17-21-5. Agora, eis um exemplo um pouco mais difícil, mas um momento de reflexão lhe dará a chave do enigma.

USBHFEJB F DPNFEJB
(Tragédia e comédia)

Experimente encontrar a chave dele você mesmo antes de continuar a leitura...

Simples, não é? Tudo o que fiz foi usar a letra seguinte do alfabeto em lugar da letra da expressão: o U representa o T, o S representa o R, o B representa o A, e assim por diante até Z, que representa a letra Y; o A, é claro, representa o Z.

Mas geralmente, na resolução de criptogramas, você não tem como dado a mensagem decifrada. Recebe apenas a mensagem codificada e tem de analisá-la para descobrir o que ela quer dizer. No caso, eu estou lhe informando o que o criptograma significa, de modo que a resolução seja razoavelmente fácil para você.

Aqui está meu nome, Harry Lorayne, codificado de outra maneira. Tente decodificá-lo antes de ler a solução.

GIZBQSQSXZ KMNPQSZBMODF

Você não deve ter levado muito tempo para resolver esse aí. A letra que aparece mais vezes no meu nome é a letra R. Se você estudar o criptograma, vai notar que o par de letras QS aparece três vezes. Se você supuser que QS representa R, terá decifrado o criptograma.

O que fiz foi usar as letras respectivamente anterior e posterior à letra a ser codificada. Por conseguinte, H é representado pelas letras GI, A é codificado usando-se ZB, e assim por diante até DF, que representa a letra E.

Entendeu? Então tente representar seu próprio nome da mesma maneira.

Eis o meu nome novamente, codificado de outra forma ainda. Não vou resolvê-lo para você, mas você deve achar a resposta num instante.

EXOOV ILOXVKB

É claro que os criptogramas em geral são muito mais complicados do que isso; mas resolvê-los ou tentar resolvê-los é um grande exercício para as células cinzentas. Se você tem interesse em se aprofundar um pouco mais no assunto, pode encontrar livrinhos de criptogramas na maioria das boas bancas de jornal. Escolha um e veja se consegue resolver os criptogramas nele propostos.

Probleminhas para corrigir seu pensamento

A resolução de bons enigmas lógicos também constitui um excelente exercício. Aqui está um para você: você está perdido numa floresta que é habitada somente por homens vermelhos e homens verdes. Os homens vermelhos sempre dizem a verdade; os homens verdes sempre mentem. Você está indo para uma cidade chamada "Umgowa"; chega a uma bifurcação mas não sabe se deve pegar o caminho da direita ou o da esquerda. Há um homem parado na bifurcação, mas está escuro demais para ver se ele é vermelho ou verde. O problema é este: Será que você consegue fazer apenas *uma* pergunta a esse homem, que exija um "sim" ou um "não" como resposta, e descobrir qual é o caminho correto a tomar?

Isto não é tão fácil como parece à primeira vista. Lembre-se que você não sabe se o homem é vermelho ou verde; portanto, você não tem como saber se ele está ou não dizendo a verdade. Mas, mesmo que fosse permitido fazer duas perguntas, você estaria em dificuldades. Não poderia perguntar: "Você é vermelho?" porque receberia um "sim" como resposta de ambos. Um homem vermelho diria a verdade e responderia "sim"; um homem verde teria de mentir e também responderia "sim".

Contudo, há um jeito de fazer apenas uma pergunta e descobrir qual o caminho a tomar para Umgowa. A resposta vem a seguir, mas use um pouco de força de vontade e tente resolver o enigma você mesmo antes de olhar a resposta. Pegue um pedaço de papel e mãos à obra. Eu conheço melhor do que você a capacidade do seu cérebro, e *sei* que você é capaz de resolver o problema se se esforçar bastante. Vá por eliminação — escreva todas as perguntas que você imaginar e veja se elas dão certo. Se você não as escrever, vai acabar esquecendo as que já tentou e andará em círculos.

Vou lhe dar uma dica: se você pensar um pouco, compreenderá que a pergunta deve ser enunciada de tal forma que a cor do homem não venha ao caso! Para que você não veja a resposta do enigma antes de o querer realmente, fiz imprimi-la de cabeça para baixo.

Ao encontrar o homem vermelho ou verde, você apontaria para qualquer um dos dois caminhos e diria: "Se eu tivesse lhe perguntado isso *antes*, você teria me dito que este é o caminho certo a tomar para Umgowa?" A solução consiste em formular a pergunta no tempo passado. Se você apontasse para o caminho correto e fizesse a pergunta a qualquer um dos dois homens, ele teria de lhe responder "sim". Se você apontasse para o caminho errado, qualquer um deles teria igualmente de lhe dar um "não" como resposta.

Vou analisar isso para você; eu sei que à primeira vista parece incompreensível. Vamos supor que você apontasse para o caminho certo. O homem vermelho teria dito "sim" antes, portanto a resposta dele é "sim" agora. O caso do homem verde, que tem de mentir, é um pouco mais complicado. Se você tivesse apontado "antes" para o caminho correto, ele teria mentido e respondido "não". Mas você está lhe perguntando se ele *teria* dito que esse era o caminho certo; bem, ele não teria, logo ele tem de mentir novamente e responder "sim". Portanto, você receberia um "sim" como resposta de ambos os homens e naturalmente tomaria o caminho para o qual estava apontando.

Agora, vamos supor que você apontasse para o caminho *errado*. O homem vermelho teria respondido negativamente antes, logo tem de fazê-lo de novo. O homem verde teria mentido antes; teria dito "sim" quando você apontasse para o caminho errado. Mas, como você está lhe perguntando se ele teria dito "sim", é forçoso que ele minta e responda "não". Você receberia um "não" como resposta de qualquer um dos dois homens — assim, você tomaria o *outro* caminho e chegaria a Umgowa!

Apresente esse probleminha aos seus amigos; veja quanto tempo eles levam para resolvê-lo, se é que o conseguem. Eis um mais fácil, mas que ainda assim vai exercitar a sua capacidade de raciocínio:

Você deve preencher os três espaços em branco na oração a seguir, usando as *mesmas* sete letras, na *mesma ordem*, e transformá-la numa sentença lógica.

_______ TRÊS OPÇÕES DE PRATOS QUENTES, DENTRE AS VÁRIAS _______ SERVIDAS, _______ AO BUFÊ REPETIDAS VEZES.

Não vale olhar a resposta. Tente obtê-la pelo raciocínio. As letras usadas devem ser exatamente as mesmas e na mesma ordem. Mais uma vez, eu lhe dou uma pista pelo tamanho dos espaços em branco. Eis a solução, de cabeça para baixo.

As letras são C O M I D A S. (*Comi das* três opções de pratos quentes, dentre as várias *comidas* servidas, *com idas* ao bufê repetidas vezes.)

E se você é realmente inteligente...

Simples, não é? Mas se você é tão inteligente, resolva esta última: você tem *doze* centavos. Um deles é falso, e você não sabe se ele é mais pesado ou mais leve que os outros. Você dispõe de uma balança de joalheiro, mas não pode pesar os centavos individualmente; pode, isto sim, colocar alguns centavos em um dos pratos da balança e outros no outro, pesá-los, vendo se os pratos se equilibram ou não.

Agora, o problema: em *três* pesagens, e apenas três, você tem de descobrir qual dos doze é o centavo defeituoso; tem de descobrir, ainda, se ele é mais pesado ou mais leve que os outros!

Também este problema é difícil. A solução tem de abarcar todas as possibilidades. Em outras palavras, como quer que você faça as pesagens, vai ter de resolver o problema, quer os pratos da balança se equilibrem, quer não.

Por exemplo: se você começasse pondo dois centavos de cada lado para a primeira pesagem (diga-se de passagem que esse *não* é o modo correto de começar), haveria três possibilidades: (1) Os pratos da balança se equilibrariam. (2) O lado esquerdo desceria enquanto o lado direito subiria. (3) O lado esquerdo subiria enquanto o lado direito desceria.

Por que não propor o problema aos seus amigos para que eles o ajudem a resolvê-lo? Além de servir de exercício, será mais divertido do que simplesmente ler a resposta.

A solução não aparece neste capítulo porque não quero expô-lo à tentação de espiar. Ela está em alguma parte deste livro, mas não vou lhe dizer onde. Você acabará encontrando ... Vamos lá — nada de folhear o livro para encontrar a resposta! Experimente resolver o problema sozinho ou com a ajuda de amigos, mesmo que isso leve alguns dias. Depois, você pode conferir a resposta. Na verdade, entender a resposta é quase tão difícil quanto solucionar o próprio problema, e você será capaz de compreendê-la melhor se tentar resolvê-lo e estiver mais familiarizado com ele.

Portanto, aí estão algumas idéias para ajudá-lo a exercitar a sua capacidade mental e o seu poder de raciocínio. Se você se dedicar de fato a esse exercício, quer pelos métodos que sugeri aqui, quer por outros meios, vai perceber que, quando um problema urgente se apresentar para você na vida pessoal ou profissional, você estará mais preparado para pensar sobre ele com clareza!

CAPÍTULO 6

Pense Criativamente e Livre-se dos Maus Hábitos Mentais

A magia e o encanto da imaginação, assim como o poder que ela confere ao indivíduo para transformar o seu mundo num novo mundo de ordem e de prazer, fazem dela uma das mais apreciadas de todas as capacidades humanas.

FRANK BARRON

A imaginação ou pensamento criativo é um dos fatores essenciais do sucesso. É difícil falar sobre a imaginação de maneira concreta e definida — e, no entanto, ela é uma atividade específica e muito bem definida.

Como você pode aprender a ser mais imaginativo, a pensar criativamente? A meu ver, só existe um modo: vá em frente e *crie*!

Você tem de praticar o pensamento criativo assim como pratica qualquer outra coisa. Se você praticar a bondade, se tornará mais bondoso; se praticar a coragem, se tornará mais corajoso. Se praticar o pensamento criativo, eu lhe asseguro, você começará a usar cada vez mais a sua imaginação.

Infelizmente, hoje em dia, a maior parte das pessoas desenvolveu hábitos mentais dos quais só a custo conseguem se libertar. No passado, as pessoas *tinham* de praticar a criatividade para viver. Mas o atual modo de vida exige pouquíssimo exercício da imaginação.

Com exceção das pessoas ligadas profissionalmente à esfera da criação, como os artistas, a maioria prefere muito mais fazer um esforço físico do que um esforço mental. Isso é natural. De fato é muito mais simples pegar uma pá e tirar a neve da entrada da garagem, lavar o chão ou polir o carro do que criar a idéia para um romance, escrever um poema, inventar alguma coisa — enfim, pensar!

No entanto, embora o trabalho físico seja necessário, eu concordo com as palavras de Henry J. Taylor: "Foi a imaginação que acendeu todas as lâmpadas deste país, produziu todos os objetos que usamos, construiu todas as igrejas, fez todas as descobertas, realizou todos os atos de bondade e progresso, criou um número maior de coisas melhores para mais pessoas. Ela é o fator mais precioso de um futuro melhor."

A criatividade é um dom – que você tem!

Você há de concordar que a imaginação criativa é uma capacidade de capital importância, e tenho certeza de que você quer ser capaz de pensar criativamente. Mas compreendo que as pessoas em geral acham que a capacidade de usar a imaginação criativamente é um dom inato, que vem do berço.

E é verdade! Ela é um dom — que foi conferido a todos nós. As crianças têm a imaginação extremamente desenvolvida. Porém, à medida que nós crescemos, tendemos a deixar adormecer essa faculdade. Alguns vivem e morrem sem jamais despertá-la novamente. Que perda terrível! Uma perda para a própria pessoa e talvez até para a humanidade — quem sabe?

Quem sabe que coisas e idéias maravilhosas sua imaginação poderia criar se você se dispusesse a usá-la? Ou você acha que só alguns privilegiados podem inventar novas idéias? Bem, talvez sim; mas, com um pouquinho de esforço e de exercício da sua parte, você pode se tornar um desses poucos privilegiados.

Na verdade, eu não acredito que a imaginação seja um dom especial. Todos nós podemos tê-la se quisermos nos dar ao trabalho de descobri-la e usá-la. Na realidade, ela nada mais é senão um modo habitual de pensar.

Então, como adquirir esse hábito? Para tanto são necessárias algumas coisas sobre as quais já escrevi. Entusiasmo, curiosidade, interesse — tudo isso faz parte do hábito. O bom escritor de contos dá um passeio pelas ruas da cidade e volta cheio de idéias e enredos para suas histórias. Seu interesse e curiosidade estão sempre atentos a essas idéias; ele está sempre procurando por elas.

Há mais de trinta anos, eu estava assistindo a um daqueles programas de perguntas e respostas da televisão, que felizmente não existem mais. Vi um camarada ganhar uma quantia inacreditável de dinheiro e comentei casualmente com minha esposa que em pouco tempo só os vencedores de programas de perguntas e respostas teriam dinheiro nos Estados Unidos. Além disso, eles começariam a discriminar os perdedores e até mesmo os que nunca tiveram a chance de aparecer num programa desses.

A partir desse ponto de partida muito simples, um pouco de imaginação me ajudou a escrever um conto chamado "Os pobres" (sendo os "pobres" os perdedores), que teve sucesso imediato.

Só mencionei isso para lhe mostrar como qualquer comentário, qualquer observação fortuita, com um pouco de raciocínio e de exagero, pode se transformar no enredo de uma história.

O exagero é um elemento indispensável da imaginação criativa. Tudo o que fiz quando escrevi "Os pobres" foi exagerar aquele único pensamento. Esse princípio também funciona para as invenções e outras idéias criativas. Afinal de contas, a máquina a vapor é, em essência, um exagero da idéia da chaleira!

Eis algumas regras concretas que vão fortalecer a sua faculdade criativa. Antes de mais nada, pare de pensar que não existe "nada de novo sob o sol", que tudo já foi inventado e que todas as idéias já foram exploradas.

Você sabe que isso não é verdade. Apesar de eu ter dito que o exercício da imaginação quase não é necessário no atual modo de vida, o fato é que ele é o único fator do verdadeiro progresso.

Só ficam ricas e famosas as pessoas que criam novas idéias. Mas veja bem: não estou me referindo apenas a escrever contos ou a inventar novos objetos de uso. Não — estou falando do uso da imaginação no que quer que você esteja fazendo *agora.*

Pequenas e grandes empresas, por meio de caixas de sugestões, procuram estimular seus funcionários a usar a faculdade criativa. Elas oferecem prêmios e abonos a título de motivação. Essas empresas percebem que as boas sugestões e idéias podem melhorar suas atividades e seus produtos.

Tenho certeza de que você conhece a história, talvez lendária, do homem que recebeu uma pequena fortuna em troca de duas palavras. Ele foi falar com o pessoal da Coca-Cola, que na época fabricava o xarope do mesmo nome. As duas palavras que eles compraram foram: "Engarrafem-na!" Foi o que eles fizeram, e o resto é história.

Entenda que você não precisa de abono ou prêmio para pôr uma sugestão na caixa. A motivação já existe: mais dinheiro; melhores condições de trabalho; e o mais importante, a certeza de que você criou uma idéia útil, o sentimento de realização. Tudo isso é motivação suficiente.

É a imaginação que cria sistemas de arquivo mais eficientes, melhores sistemas de contabilidade e, em geral, condições de trabalho mais fáceis. E essas criações serão bem-vindas em qualquer atividade comercial e em qualquer ocupação social.

Como fortalecer a sua faculdade criativa

Agora, então, vamos sugerir algumas atividades concretas para exercitar a capacidade criativa. Na minha opinião, a imaginação criativa se baseia em correlações. A correlação de uma coisa ou pensamento com outro é o princípio básico de todas as novas idéias. Ademais, é um bom exercício.

Para correlacionar um objeto com outro, você tem de usar palavras que se assemelhem no som, signifiquem a mesma coisa, sejam exatamente opostas — em suma, que venham à mente por alguma espécie de associação ou relação.

Por exemplo: para correlacionar lápis com lâmpada, você pode pensar deste jeito: lápis — escrever — ver — luz — lâmpada. Percebeu? "Lápis" o lembra de "escrever". Por semelhança de som, chega-se a "ver". Para ver é preciso "luz", e luz o lembra de lâmpada.

Como você correlacionaria selo com peixe? Bem, vejamos: selo — lambida — molhado — água — peixe.

Diamante com cigarro: diamante — anel — anel de fumaça — fumaça — cigarro.

Livro com dança: livro — letra — palheta — instrumento musical — banda — dança. Ou ainda: livro — capa — tapa — tango — dança.

Você vai descobrir que pode correlacionar umas com as outras até as coisas mais improváveis usando apenas um pouco de imaginação. Por que não fazer disso um passatempo? Além de ser muito divertido, é um bom exercício mental. A idéia consiste em correlacionar dois objetos um com o outro, com o mínimo de palavras possível.

Por exemplo, você pode correlacionar "carro" com "cão" usando esta seqüência longa: carro — barro — terra — grama — gado — ovelha — pastor — cão. Mas eis uma seqüência mais curta: carro — andar — passear — cão.

Veja se consegue correlacionar:

linha com papel

linha com balança

mala com baralho

cinzeiro com televisão

cadeira com revólver

poste com ônibus

De fato você vai pensar um pouco e usar ainda mais a sua imaginação para resolver esses exemplos, mas se fosse fácil não teria graça, não é?

Na maioria das vezes, como já afirmei, as novas idéias ou pensamentos começam com uma correlação. Se você praticar os exemplos simples que relacionei acima, ficará pelo menos familiarizado com a idéia.

Agora, para estimular a sua capacidade criativa, você já pode questionar, correlacionar e exagerar qualquer coisa. Para escrever o conto "Os pobres", correlacionei a noção dos ganhadores dos programas de perguntas e respostas com um enredo de história. Exagerei a idéia original e criei um conto.

Muitos anos atrás, eu aprendi um sistema que me possibilitava memorizar um baralho inteiro. Utilizei esse sistema durante algum tempo até que pensei comigo mesmo: "Por que não usar um sistema semelhante para me lembrar de nomes, rostos, discursos, números, compromissos — em suma, de qualquer coisa?"

Eis a correlação que fiz: de um sistema de memorizar cartas para um sistema de memorizar qualquer coisa. Tudo se resumiu então a "exagerar" ou ampliar o sistema de memorizar cartas. Evidentemente, não foi tão fácil quanto é fácil falar do assunto. Foi necessária muita reflexão e trabalho, mas finalmente consegui.

A atividade criativa aumenta a capacidade criativa

Se você fizer perguntas sobre um determinado objeto — perguntas do tipo: isto seria mais prático se fosse maior? Menor? Mais redondo? Talvez de cabeça para baixo? —, ficará surpreso com as idéias que vai ter e com a rapidez com que elas vão aparecer.

O ato de se propor uma pergunta sobre alguma coisa e depois procurar pela resposta fará com que a sua imaginação criativa comece a funcionar. E não se envergonhe de fazer perguntas tolas; isso não importa. As perguntas mais tolas, feitas a si mesmo ou a outrem, podem levar a idéias brilhantes. "Quem faz uma pergunta é ignorante por cinco minutos; quem não faz uma pergunta permanece ignorante para sempre."

Mesmo que as suas perguntas não sejam muito práticas, mesmo que você nem sempre encontre as respostas, tudo isso ainda é bem melhor do que não perguntar nada. A quantidade, mais cedo ou mais tarde, gera qualidade!

Não desanime. Muita gente que você inveja pelo caráter aparentemente "mágico" ou genial do trabalho que fazem ou das idéias que têm lhe dirá que tudo se deve, na verdade, a muitas e muitas horas de trabalho paciente e enfadonho.

Essas pessoas tiveram energia e perseverança para terminar o que começaram, e isso é extremamente importante. Com efeito, eis uma boa regra a seguir: toda vez que você começar algum trabalho criativo, termine-o.

Ainda que ele não saia como você esperava, conclua-o de algum modo. Se você começar a escrever um conto, vá até o fim. Se tiver algum projeto para o seu escritório, ponha-o no papel, mesmo que venha a rasgá-lo quando estiver concluído.

Muitas vezes, uma criação aparentemente inútil pode acabar servindo para alguma coisa. O mais importante é que você vai adquirir o hábito de terminar tudo o que começar. E seus fracassos vão servir de trampolim para os futuros sucessos.

Por isso, não tenha medo de usar a sua imaginação. Ela vai melhorar com o uso. Ninguém se torna craque em nenhum empreendimento enquanto não tiver adquirido um pouco de experiência. Quanto mais extensa for a sua atividade criadora, maior será a sua capacidade criativa!

Descobri que muita gente tem medo ou vergonha até mesmo de *tentar* criar novas idéias. E, quando essa gente cria algo, não tem confiança suficiente para levá-la a público. É a velha história — não se preocupe com o que os outros pensam; guie-se apenas pelo que você pensa.

Aliás, um outro exercício interessante para estimular o processo criativo é a invenção de figuras retóricas, tais como: "superficial como um biquíni", "silencioso como um pensamento", etc.

Em vez de se atormentar com reveses financeiros, por que não usar o cérebro, como o camarada que possuía uma loja de roupas e tinha um concorrente de cada lado dela? A loja da esquerda exibia um grande anúncio que dizia: "Superliqüidação". A da direita tinha um cartaz com os seguintes dizeres: "Queima Total de Estoque". Então, o comerciante do meio afixou seu próprio cartaz, que dizia simplesmente: "Entrada Principal!".

Concluindo: você é limitado somente pela sua própria imaginação.

CAPÍTULO 7

Você Pode Encontrar Tempo para Tudo

Amas a vida? Então, não desperdices o tempo, pois essa é a matéria de que a vida é feita.

BENJAMIN FRANKLIN

Eis um ponto em que todos nós somos absolutamente iguais: o tempo. Ninguém tem mais nem menos tempo do que você. Ninguém pode herdar o tempo — ou guardá-lo no banco para acumular juros.

Uma hora contém sessenta minutos, não importa quem a esteja usando. E nem o fato de conhecer um monte de "figurões" pode lhe dar mais de 24 horas por dia.

Pelo que sei, o único modo de poupar tempo é gastá-lo sabiamente. O que na verdade quer dizer investi-lo adequadamente. Invista seu tempo no seu aperfeiçoamento mental e físico, na aquisição de novas capacidades, nos deveres e nos prazeres — e você o estará investindo tal como se deve.

Todo o mundo constantemente se queixa de que não tem tempo. É claro que tem, desde que saiba usá-lo. Goethe dizia: "Sempre teremos tempo suficiente se o usarmos corretamente."

Isso é verdade. Estranhamente, as pessoas mais ocupadas têm tempo para tudo. Diz um velho ditado: "Se você quiser que algo seja feito rapidamente, dê a tarefa a uma pessoa ocupada demais. Ela vai encontrar tempo para fazê-la."

Acho que isso acontece porque a pessoa ocupada não pode se dar ao luxo de deixar que as tarefas se acumulem. Se você fizer uma coisa de cada vez, vai acabar fazendo todo o necessário. O homem ocupado tem de aprender a organizar e economizar seu tempo. Para ele, o tempo é valioso demais para ser desperdiçado.

Acho que todos concordam que a organização é essencial para o uso correto do tempo. Aqueles que não têm tempo para nada não estão se organizando bem.

Derrote o relógio derrotando a indecisão

A primeira coisa que precisa ser encarada de frente é a procrastinação. E a procrastinação é meia-irmã da indecisão. Acho que a indecisão, de todos os maus hábitos, é o que consome mais tempo, provoca mais dores de cabeça e nos faz perder mais oportunidades.

Conta-se que um fazendeiro contratou um trabalhador para separar sua colheita de batatas. O trabalho consistia em colocar as batatas grandes em um monte, as médias em outro e as pequenas num terceiro. Depois de algumas horas, o trabalhador pediu demissão. Naquelas poucas horas, ele parecia ter perdido peso, pois estava transpirando e tinha o aspecto desgrenhado de alguém que estivesse cavando trincheiras.

O fazendeiro perguntou se o trabalho era pesado demais para ele. O trabalhador respondeu: "Não, mas as decisões estão me matando!"

Eu lhe garanto: é muito melhor cometer erros do que não tomar decisões. Acho que a procrastinação, na maior parte das vezes, se deve ao medo de tomar uma decisão. Você tem dois caminhos a seguir; não tem certeza de qual é o melhor e por isso adia a decisão.

A melhor coisa a fazer é seguir qualquer um dos dois, desde que seja *já*. Dê o primeiro passo em *qualquer* direção. Uma vez em movimento, é mais difícil parar — alguma coisa você vai fazer. Lembre-se de que quanto mais tempo você levar para tomar uma decisão, mais perto estará de não tomar decisão alguma. No fim, mesmo que a sua decisão seja errada, você poderá corrigi-la. Se você errar, vai ficar sabendo logo; então, tome o caminho alternativo. Pelo menos você não terá de decidir mais.

No passado, eu costumava desperdiçar um tempo precioso tentando decidir sobre coisas absolutamente insignificantes. Naturalmente, é preciso refletir antes de decidir sobre as coisas importantes. Mas o que mais nos toma tempo são as coisas pequenas, tais como: Devo tomar um táxi ou ir a pé? Devo viajar de avião ou de trem? Devo comprar este aqui ou aquele ali que custa dois dólares a mais? Ao chegar no aeroporto, devo tomar um ônibus ou usar o serviço de limusine? E assim por diante, *ad infinitum.*

No fim das contas, eu descobri um pequeno truque que me tem poupado incontáveis minutos. Em primeiro lugar, se as alternativas não envolvem dinheiro, eu faço aquilo que me é mais fácil, e ponto final. Por que se incomodar tanto com coisas menores? Faça o que lhe exigir menos esforço e depois esqueça o assunto.

Em questões que envolvem grandes quantias de dinheiro, o melhor é pensar a respeito. Mas quando a quantia em questão não é significativa para você, e quando a decisão gira em torno dessa quantia ou de uma quantia menor, por que não resolver novamente escolher o caminho que lhe é mais fácil?

A quantia-limite, é claro, depende de você e de sua situação financeira. Digamos, por exemplo, que você determine cinco dólares. Você deve se decidir, de uma vez por todas, a olhar com indiferença qualquer quantia inferior a cinco dólares.

Então, se você não consegue resolver se compra um artigo que custa onze dólares ou um outro que é vendido por quatorze dólares, pare de perder tempo e compre o melhor. A diferença cai dentro do seu limite de cinco dólares.

Se a diferença entre o ônibus e a limusine é de cinco dólares ou menos, tome a limusine! Entendeu a idéia? Quando você se forçar a crer que essa quantia-limite (seja ela qual for) é irrelevante, não vai mais precisar perder tempo com decisões menores. Use esse tempo para coisas mais importantes.

Não seja como o sujeito que, quando lhe perguntaram se ele era bom em tomar decisões, respondeu: "Bem, hã... sim e não!"

Muita gente que adia indefinidamente a hora de fazer algo ou de tomar uma decisão tende a investir grande parte do seu tempo em projetos improdutivos. É preciso aprender a investir o tempo em coisas importantes o bastante para justificar esse investimento.

É como a história do treinador de animais que ouviu falar que ninguém jamais vira um camelo andar para trás. Os camelos só andam para a frente, nunca para trás.

Então, o treinador de animais decidiu realizar o impossível: treinar um camelo para andar para trás! Ele trabalhou e se esforçou durante anos e anos até que enfim conseguiu.

A cena seguinte se passa no circo. O público compareceu em massa por causa da propaganda, que prometia algo nunca antes visto.

No centro do picadeiro, nosso amigo, o treinador de animais, demonstra o fenômeno que é um camelo andar para trás. Milhares de pessoas se entreolharam espantadas. O que todos queriam dizer (com exceção do treinador) era: "E daí?"

Esse é um bom exemplo de tempo desperdiçado num projeto que simplesmente não interessava a ninguém. É claro que isso é uma questão pessoal — cabe a você decidir em que investir o seu tempo. Ninguém pode resolver essa questão por você.

Se o que você está fazendo lhe agrada particularmente, mesmo que não seja do interesse de mais ninguém — pois bem, vá em frente. Suponho que é melhor preencher o tempo desse jeito do que não fazer absolutamente nada. O tempo pode ser seu inimigo se não for usado!

Use-o corretamente, e você estará a caminho do sucesso. "O desejo sempre vira realidade", diz a letra de uma antiga canção. Não acredite nela! Alexander Woollcott afirmou certa vez: "Muitos passam metade da vida desejando coisas que poderiam ter se não perdessem o seu tempo desejando!"

Se você tem um objetivo em mente, faça algo para atingi-lo. Também não espere demais pelo momento "certo", pois esse raramente vem. Na maioria dos casos, o momento certo é *agora.* Em vez de jogar fora um tempo precioso atormentando-se sem saber se você deve ou não fazer algo, pense em *como* fazer esse algo — mas faça-o. Se não der certo, tudo bem — pelo menos não vai estar mais tomando conta dos seus pensamentos, e você poderá dar a sua atenção a alguma outra coisa. Se você continuar adiando tudo, poderemos dizer, parafraseando Cervantes, que você vai estar viajando pela estrada do "daqui a pouco" que só leva à casa do "nunca".

Portanto, aqui está um pensamento para você. Se você percebe que está perdendo tempo, indeciso se deve ou não cumprir algum dever, ou se está pensando numa idéia e não consegue tirá-la da cabeça, faça o que tem de ser feito — ou anote a idéia. Você precisa abrir espaço para outros pensamentos e idéias e precisa de tempo para cumprir outros deveres.

Organize o tempo e faça tudo o que quiser

Vamos estabelecer algumas regras pão-pão-queijo-queijo. Você está sempre atrasado em seus deveres e tarefas? Das duas, uma: ou você está tentando fazer coisas demais ou não está organizando seu tempo de maneira adequada. É evidente que você deve assumir menos responsabilidades ou organizar seu tempo de modo mais eficiente.

Quanto a saber se você deve ou não diminuir a quantidade de trabalho, não posso ajudá-lo. Contudo, se você tem muito trabalho e não sabe o que fazer primeiro, sugiro que faça em primeiro lugar as coisas que *podem* esperar e só depois faça aquelas que são urgentes.

Deste modo, você mesmo se põe contra a parede. Você será *obrigado* a cuidar das coisas urgentes — terá de resolvê-las de qualquer jeito. Mas são as coisinhas que podem esperar — e que de fato esperam, esperam e às vezes nunca lhe saem da cabeça — que agravam a sua indecisão e atrasam o seu trabalho.

Por isso, faça essas coisas primeiro. Você ficará surpreso com a quantidade de coisas que será capaz de fazer. Quando você sabe que há deveres urgentes à espera, se desincumbe rapidamente das obrigações secundárias. Caso contrário, elas consomem uma porção excessiva do seu precioso tempo.

É sempre assim. É a lei de Parkinson: "O trabalho se expande de modo a ocupar todo o tempo disponível para a sua conclusão." Se você estivesse executando apenas tarefas secundárias, sem as urgentes impacientemente esperando a vez, você levaria muito mais tempo para realizá-las, pois haveria mais tempo disponível para a conclusão delas.

A importância do interesse já foi examinada em outra parte deste livro. Quero apenas lembrar que o interesse também é importante quando se trata de organizar ou utilizar o tempo. Embora talvez tenha o costume de se queixar de que não tem tempo, sempre encontra tempo para as coisas nas quais realmente está interessado, para as coisas que de fato quer fazer.

Portanto, interesse-se pelas coisas que acha que lhe *convém fazer*, e você as fará. Pare de "procurar" tempo para as coisas — você não vai encontrar. O que é preciso é *criar* tempo para elas.

Outra coisa fundamental é o esforço para tornar habituais ou mesmo automáticas as tarefas rotineiras — as coisas que você precisa fazer sempre. É claro que você já faz isto com muitas delas. Tenho certeza de que você não precisa pensar para escovar os dentes, fazer a barba ou dar corda no relógio à noite. Você tem tempo para pensar em outras coisas quando está se dedicando a essas atividades.

Sei que isto pode lhe parecer banal, mas você vai se surpreender com o tempo economizado com a automatização de todas as tarefas pequenas e repetitivas. Experimente pôr as coisas sempre no mesmo lugar. Esse hábito pode lhe economizar horas e horas, pois você não terá de procurar pelas coisas tantas vezes.

Um excelente hábito que poupa tempo e deve ser cultivado é o de começar as coisas na hora. Um pequeno adiamento, neste caso, vai longe. Como alguém disse certa vez: "Se você perder uma hora pela manhã, passará o resto do dia procurando por ela." É quando as tarefas ou deveres começam a se sobrepor que você se vê em apuros. É tão fácil sair da cama na primeira vez em que o despertador toca quanto é ajustá-lo para cinco ou dez minutos depois.

Quanto mais ocupado você é, mais tempo você tem

Uma vez adquirido o costume de começar as coisas na hora, você deve se habituar a reservar, para cada coisa, um pouco mais de tempo do que lhe parece necessário. As emissoras de televisão, para quem o tempo é de extrema importância, vêm aplicando esse conceito desde os primeiros tempos (quando a maioria dos programas eram transmitidos ao vivo).

Os produtores de televisão sempre deixam uma "reserva" de tempo para cada programa, para o caso de acontecer algum acidente ou de uma parte do programa demorar um pouco mais do que o previsto.

Então, por que não estabelecer para si mesmo uma "reserva" sempre que você tiver uma tarefa a fazer? Se você acha que ela vai levar uma hora, reserve pelo menos uma hora e quinze minutos. Se a tarefa realmente levar apenas uma hora, você poderá começar a tarefa seguinte mais cedo, e terá uma "reserva" maior ao fim dela.

Antigamente, quando eu ia fazer uma conferência, eu não levava em conta senão o tempo *exato* da ida até o local, nos esquecíamos de que não conhecíamos a região e provavelmente nos perderíamos. Não deixávamos nenhuma folga para engarrafamentos de trânsito, mau tempo ou falhas mecânicas imprevistas no nosso meio de transporte.

Eu quase sempre ficava aflitíssimo durante a parte final da viagem, pois tinha certeza de que me atrasaria. Há alguns anos aprendi a usar essa "reserva" a que estou agora me referindo.

Agora, quando um diretor de programa me informa que leva uma hora de carro para chegar ao seu clube, eu já sei que *ele* precisa de uma hora porque sabe exatamente como chegar lá. Para mim, eu reservo uma hora e meia. De qualquer modo, prefiro chegar cedo a me atrasar. (Atualmente só faço apresentações em empresas, e a maior parte das minhas viagens é por via aérea — mas mesmo assim uso a noção de "reserva de tempo".)

Se você agendar seus compromissos com "reservas" de tempo, raramente vai ter de sofrer por causa dessa sensação de precipitação, de falta de fôlego. Além disso, provavelmente acabará poupando mais ou menos uma hora na maior parte dos dias — e poderá dedicar essa hora extra àquelas coisas para as quais você "nunca tem tempo".

Pare de calcular tudo em quantidades exatas de tempo. Senão, uma pequena falha pode acarretar conseqüências desastrosas. O nervosismo, os atrasos e as decepções podem facilmente ser evitados pelo uso da noção de "reserva". Comece a levantar-se alguns minutos mais cedo pela manhã, e a corrida esbaforida para o escritório vai se transformar num passeio sem pressa.

Use todo o tempo disponível até a hora de dormir, seja para o trabalho, para o estudo, para a recreação ou para o que for. Quando você fica esperando pela hora de dormir e não pára de pensar em ir dormir, é porque está entediado e, pior ainda, está perdendo tempo.

No dia bem planejado, você deve chegar à hora de dormir sem ter de "matar o tempo" esperando por ela. A propósito, não se esqueça da recreação. John Wanamaker disse certa vez: "As pessoas que não têm tempo para se divertir são obrigadas, mais cedo ou mais tarde, a ter tempo para se curar de uma doença."

Espero que você não me interprete mal. Não estou tentando ensinar você a fugir das responsabilidades ou a reservar um tempo enorme para executar uma tarefa mínima. Apenas planeje e organize o seu tempo de modo a atender às exigências das suas atividades, e pronto.

Mantenha-se ocupado, é claro. Creio firmemente no trabalho, ou melhor, na atividade. Na minha opinião, *qualquer* atividade é uma diversão melhor do que ficar à toa. E apesar do paradoxo, você vai constatar que quanto mais ocupado estiver, mais tempo ocioso terá!

Saber que a procrastinação e a indecisão podem levá-lo a um estado de quase animação suspensa, e que as "reservas" podem facilitar as coisas para você, deve servir-lhe de estímulo para organizar seu tempo.

Uma palavra final: não perca tempo preocupando-se ou afligindo-se com erros passados. Depois de tomar uma decisão, esqueça-a. Faça de cada dia um novo dia. Will Rogers expressou essa idéia melhor do que eu: "Não perca o dia de hoje pensando no dia de ontem."

Use o tempo presente para construir o hoje ou planejar o amanhã — o passado já era. Como disse Plutarco muitos séculos atrás: "O maior de todos os sacrifícios é o sacrifício do tempo!"

CAPÍTULO 8

Multiplique a sua Eficiência com o Hábito da Concentração

O sucesso na vida não é tanto uma questão de talento e oportunidade, mas de concentração e perseverança.

C. W. WENDTE

Assim como os fabricantes de automóveis aprenderam a dar uma forma aerodinâmica a seus carros para que eles vençam a resistência do ar, assim também você deve dar uma forma aerodinâmica à sua mente. Aprenda a ir direto ao âmago de um problema sem entulhar o seu caminho com os mais diversos obstáculos. Em outras palavras, aprenda a se concentrar.

A concentração é uma arte que, como qualquer outra, pode ser aprendida e aperfeiçoada. Você tem um mau hábito do qual gostaria de se livrar? Então, por que não substituí-lo pelo hábito da concentração? De fato, a exemplo da maior parte das boas qualidades, a concentração é um hábito.

Todos nós sabemos que a maioria das pessoas usa apenas de 8 a 10% da sua capacidade cerebral (e isso na melhor das hipóteses). Cultivando o hábito da concentração, talvez você comece a usar pelo menos uma parte dos 90% restantes.

Como aprender a se concentrar? Digo-lhe que não é fácil. O dicionário diz que a concentração é "atenção exclusiva a um só objeto". Você já tentou dar toda a sua atenção a um único objeto? Repito, não é coisa simples. Mas, na minha opinião, vale a pena tentar adquirir a concentração.

É possível que, sem refletir, você esteja dizendo a si mesmo: "É só nisso que se resume a concentração? Apenas a dar a minha atenção exclusivamente a um só objeto? Isso não me parece complicado." Bem, não quero decepcioná-lo, mas por que você não faz essa experiência agora mesmo? Escolha um objeto; um lápis, digamos. Agora, olhe para ele e veja se consegue voltar para ele toda a sua atenção.

Antes, porém, vou lhe dar uma definição de "atenção exclusiva". Isso quer dizer que você não pode deixar que *nenhum outro* pensamento, por banal que seja, entre em sua mente. Você tem de pensar somente no lápis, concentrar-se somente no lápis e visualizar somente o lápis. No momento em que algum outro pensamento passar rapidamente pela sua mente, pode parar! Sua atenção não será mais exclusiva. Você deve se esforçar para fixar a mente no lápis, ou num problema seu, ou no que quer que você esteja fazendo, e mantê-la firme.

Não é tão fácil quanto parecia, não é? É claro que não. As pessoas que têm algum conhecimento da ioga, ou que a praticam, sabem como é difícil. O verdadeiro iogue deve se dedicar a concentrar-se numa verdade ou conceito e repelir da sua mente todas as coisas exteriores. Às vezes ele precisa praticar a vida inteira para ficar satisfeito com os resultados que obtém.

Até que ponto você consegue se concentrar?

Aqui está um exercício de concentração para você praticar sem fitar um objeto específico. Comece a *contar* mentalmente, sem deixar que o seu pensamento se ocupe de qualquer outra coisa exceto os números. Isso é ainda mais difícil, na minha opinião, do que concentrar-se em um objeto. Os números são muito insubstanciais. Mas a prática é boa e é um bom exercício. Para falar a verdade, acho que você não vai conseguir chegar nem até cinco na primeira tentativa — isto é, se você não mentir para si mesmo. Pare no mesmo instante em que algum outro pensamento se apresentar — se a sua mente se voltar para algum som por um segundo, por exemplo, você deve parar e começar de novo.

Depois de um bom tempo e de muita prática, talvez você chegue até dez. Se algum dia você conseguir chegar até cem sem a interferência de nenhum pensamento estranho, estará chegando perto da categoria dos gênios!

Você deve estar querendo saber por que eu estou fazendo tanto barulho a respeito disso. Você quer saber como a capacidade de concentração em um objeto, ou de voltar toda a sua atenção para a contagem dos números, pode ajudar você na vida cotidiana. Pois eu vou lhe dizer. O objeto e os números, evidentemente, são só meios para se chegar a um fim. Não são eles que são importantes, mas sim a capacidade de concentrar-se num único problema ou objetivo.

Quantas vezes isso já aconteceu com você? Você sai de casa de manhã para o trabalho e vai a pé até uma estação de metrô ou a um ponto de ônibus. Há um problema que você gostaria de resolver antes de chegar ao escritório. Ele está na sua cabeça quando você sai de casa, mas daí a menos de um quarteirão sua mente já se desviou para mais de cem coisas diferentes mas igualmente insignificantes, coisas que não têm relação alguma com o problema que precisa ser resolvido.

Assim, quando você chega no escritório, não está nem um pouquinho mais próximo da solução do que quando saiu de casa. É claro que você vai acabar resolvendo o problema, mas não é essa a questão. A questão é que se você tivesse conseguido se concentrar no problema, teria poupado tempo e, quem sabe, dinheiro. O fato é que você precisa se acostumar a trazer a mente de volta ao assunto toda vez que ela começar a vagar sem rumo, e isso só se consegue com a prática.

A capacidade de se concentrar também possibilita que você veja os problemas com clareza. Eu acho que, mesmo que você tentasse, não conseguiria definir e delimitar com clareza a maioria dos problemas que o estão afligindo agora. Se você parar para pensar, vai se perceber incapaz de visualizar na sua totalidade as coisas que o estão aborrecendo. Em geral, os problemas são muito vagos na sua cabeça; você vê os tentáculos do polvo, mas não o polvo em si. Você faz isto e aquilo e se livra de um dos tentáculos; faz aquilo e aquilo outro e se livra de mais um. Mas o corpo, a causa, o núcleo do problema ainda continua com você.

A meu ver, essa é a razão pela qual muitos problemas permanecem conosco por tanto tempo, minando nossa energia, causando fadiga mental e deixando-nos mais tensos e neuróticos do que de costume.

Hoje em dia, quando uma pessoa tem um colapso nervoso, as pessoas dizem: "É, ele estava trabalhando demais, tentando fazer coisas demais."

Não concordo com essa opinião. Estou mais inclinado a concordar com o seguinte provérbio: "O trabalho duro nunca matou ninguém." Acho que a maioria dos colapsos nervosos são causados pelo fato de que a vítima não estava se dedicando a resolver seus problemas pessoais. Se ela estivesse trabalhando duro, fazendo um monte de coisas e solucionando todos os seus problemas, muito provavelmente seria uma pessoa feliz.

Resolução de problemas práticos

Pratique, portanto, a concentração, que por sua vez vai ajudá-lo a resolver alguns dos seus problemas. Com ela, você vai ser capaz de olhar diretamente para o âmago do problema, de modo a decidir quais as medidas exatas a tomar para superá-lo.

Pegue um pedaço de papel e comece a escrever, procurando definir um problema específico que o esteja incomodando. Acho que você vai perceber que ele era uma coisa muito vaga na sua cabeça. Agora, escrevendo sobre ele, você descobre que muitas das circunstâncias acidentais que o cercam não vêm ao caso e, de qualquer modo, não têm mesmo nenhuma relação vital com a questão. Provavelmente não passam de possibilidades: "se tal coisa acontecer...", "talvez..." Deixe-as de lado por ora.

Finalmente, você vai direto ao assunto: chega ao âmago do problema em toda a sua feia nudez. Nesse momento, você está dando toda a sua atenção, com todo o cuidado, a esse único problema. Agora que você se livrou da nebulosidade que o cercava, pode começar a fazer algo a respeito. *Um problema claro e bem-definido, na maioria dos casos, é um problema já parcialmente resolvido.*

Relacione todos os obstáculos que se colocam no caminho da solução. Ao lado de cada obstáculo, relacione todas as soluções que lhe vierem à mente. Não se preocupe se algumas parecerem ridículas ou forçadas, a princípio. Ponha-as no papel. Em dois tempos, você estará muito mais perto de uma solução do que jamais esteve antes. Pelo menos, saberá exatamente que medidas tomar para aliviar o problema — o que é igualmente importante.

Faça isso com todas as coisas que o estão importunando. Num piscar de olhos, você terá muito mais tempo para desfrutar a vida, em vez de reclamar dos problemas.

Não estou sendo simplista. A resolução de problemas é tarefa para uma vida inteira, tarefa que o envolve o tempo todo. Só estou sugerindo que você a torne tão fácil quanto possível. Sei muito bem que existem problemas grandes demais para serem resolvidos pelo simples ato de escrever sobre eles.

Mas a capacidade de concentrar-se, que é facilitada pelo ato de escrever, será seu trampolim para a ação. Como disse Benjamin Disraeli certa vez: "A ação nem sempre traz felicidade; mas não há felicidade sem ação." Quando você estiver fazendo algo a respeito dos seus problemas, de maneira direta e inteligente, terá muito mais chance de resolvê-los de fato.

CAPÍTULO 9

Você Pode Resolver os seus Problemas, se Souber o que Eles São

PACIENTE PARA O PSIQUIATRA: Veja, doutor, minha esposa tem um casaco de pele de marta e outro de pele de zibelina. Moramos num apartamento duplex de cobertura. Temos um iate e uma casa de praia, e andamos por aí num Cadillac limusine, com motorista particular.
PSIQUIATRA: Meu caro amigo, então qual é o seu problema?
PACIENTE: Meu problema? Doutor, eu só ganho duzentos dólares por semana!

No capítulo precedente, eu quase não mencionei o que alguns consideram ser os grandes problemas da vida. É claro que muitos problemas pequenos, como o da anedota acima, podem se combinar e formar um problema gigantesco. No entanto, por maiores que sejam os problemas, os mesmos princípios são válidos: procure enxergar com clareza o âmago do problema.

Muitas vezes, os pequenos aborrecimentos nos impedem de chegar aos mais importantes. Às vezes nós nem sabemos quais são importantes e quais não são. Então, por que não cuidar daquele que está ocupando a sua mente nesse exato instante? Aliás, a mente é incapaz de pensar em mais de um problema por vez; portanto, cuide do "inquilino" atual e abra espaço para o próximo. Infelizmente, sempre há um outro inquilino pronto para ocupar o imóvel, mas desse jeito você fará algum progresso.

Isso, naturalmente, se aplica a qualquer coisa. Cuide de uma coisa de cada vez, em vez de se preocupar com tudo. Se você tem uma tarefa enorme bem aí na sua frente, ela sempre vai parecer maior se você pensar em todas as partes dela simultaneamente.

O que eu sugiro é que você de início a imagine na totalidade, para saber com o que está lidando e para onde está indo. Depois dessa primeira visualização, dê um passo de cada vez e, num piscar de olhos, você vai terminar a tarefa. Mas comece de algum ponto, tome algum dos fios para começar a desatar o nó. Não deixe que o problema paire sobre a sua cabeça, sempre na iminência de cair sobre você. A incerteza poderá deixá-lo louco. Aliás, a incerteza, a dúvida e a indecisão são alguns dos hábitos que nós queremos eliminar ou substituir, não alimentar.

Se você de fato, estiver pensando, faça com que esse pensamento leve à ação. Comece com a primeira coisa que você vê, e você estará progredindo; todos as outras atitudes levam à imobilidade. Goethe expressou isso da seguinte forma: "Faz o dever que está mais próximo de ti; então, teu próximo dever se tornará mais claro."

E quanto aos problemas realmente grandes?

Ora, eu sei que você pode estar pensando: "Mas e quanto à pobreza, à doença, às deficiências físicas? Não é tão fácil eliminar esses problemas." É, de fato não é fácil, mas você pode facilitar, ou pelo menos tentar facilitar as coisas para você.

As vítimas de problemas graves como os mencionados acima têm sido brindadas com os mais diversos métodos para que se sintam melhor. "Tudo passa, tudo passará" e "Eu chorava porque não tinha sapatos, até que vi um homem que não tinha pés" são alguns dos lugares-comuns prediletos. Acho que essas idéias vêm a calhar às vezes, se você consegue realmente se forçar a crer nelas; mas não acredito que elas tenham o poder de resolver os problemas.

A idéia de que há outras pessoas em situação pior do que a nossa pode trazer um alívio temporário. Mas, infelizmente, a maioria das pessoas está acostumada a dar mais importância a um pequeno ferimento no próprio corpo do que a uma guerra em outro continente. Por isso acho que essa é a saída fácil, e não muito útil — se é que é uma saída.

É verdade que em algum lugar alguém está sofrendo mais do que você, mas isso não melhora em nada a sua situação. A idéia de que há alguém mais pobre do que você talvez o faça sentir-se rico em comparação a essa pessoa, mas pare de enganar a si mesmo. Na verdade, esse pensamento não o ajuda e só piora as coisas; pode inclusive impedir você de fazer algo a respeito da situação!

Quer o outro sujeito seja rico ou pobre, quer os nossos problemas sejam maiores que os dele, quer não, eu acho que se todas as dificuldades do mundo fossem reunidas num só lote e vendidas em leilão pelo lance mais alto, a maioria das pessoas compraria de volta as suas próprias dificuldades, e não as de outrem.

O que você pode fazer para resolver esses problemas ou dificuldades? Em primeiro lugar, você precisa se convencer de que a capacidade de não gastar mais do que ganha só depende de você, e de mais ninguém! Poucos podem se dar ao luxo de contratar alguém para cuidar das suas obrigações. Já que você precisa tomar conta de si mesmo, o que está esperando?

Você não ganha o suficiente? Bem, são poucas as pessoas que não têm esse problema. Hoje em dia, mais do que nunca, temos de viver de acordo com a nossa renda. E como hoje em dia quase não se pedem mais entradas nas vendas a prazo, muita gente gasta muito mais do que deveria.

Muitos consumidores acham que pagar com cartão de crédito é o mesmo que obter a coisa de graça. Depois lutam para saldar suas dívidas. Só há duas soluções para este problema.

Uma delas, a mais óbvia, é ganhar mais dinheiro. A isso provavelmente você responderá: "Que revelação! Você não acha que eu ganharia mais se pudesse?" Sim e não. Conheço muitos que ganham um dinheirão de acordo com a sua competência, mas outros tantos que não ganham.

Isso acontece, entre outras coisas, por causa da preguiça, do medo de mudar de emprego ou de cidade, e da falta de confiança. Um dos casos mais tristes de fracasso profissional é o da pessoa que permanece no mesmo lugar, no mesmo cargo, durante anos — com medo de fazer uma mudança. Esse tipo de pessoa também está convicta de que não teve as oportunidades que merecia. Bem, amigo, a oportunidade é um estado de espírito — e de ação!

Por fim, também não é crime procurar ganhar dinheiro no seu tempo livre. Se, em vez de sentir pena de si mesmo, você se der ao trabalho de pensar, você ficará surpreso com as muitas maneiras pelas quais se pode fazer isso.

Essa é uma solução. A outra, provavelmente a melhor, consiste em administrar os seus ganhos com mais eficiência. Abra uma caderneta de poupança; não compre nada que você não possa pagar — mesmo que tenha dez anos para pagar. Compreenda que, ao fim e ao cabo, você vai ser obrigado a desembolsar o dinheiro. Compre só o que você precisa e só o que realmente tiver condições de comprar, pelo menos até a situação melhorar um pouco.

Os problemas são nossos ou nós é que somos deles?

Uma das coisas em que você sempre deve refletir é: você está trabalhando para resolver o problema ou está se tornando um fator ou a própria causa desse problema? Se você é um esbanjador consumado, não tem moral para se queixar de falta de dinheiro. *Você* é o problema. Portanto, faça alguma coisa a respeito.

Naturalmente, a saúde na maioria das vezes está fora do nosso controle. Mas, em muitos casos, é algo que *podemos* controlar. Por exemplo, por que não se comprometer a fazer um *check-up* completo pelo menos uma vez por ano? Não estou sugerindo que você se torne um hipocondríaco; mas se você percebe que alguma coisa está errada, por que se preocupar com isso? Consulte um médico e descubra logo se é algo com que você deve se preocupar realmente.

Conheci um camarada que sofria de furúnculos dolorosíssimos. Ele sofreu durante meses, até que a dor praticamente o forçou a ir ao médico. Nunca consegui entender essa gente. Será que eles não percebem que a dor horrível, as noites insones e assim por diante são muito piores do que o sofrimento (se é que existe) de se submeter ao médico?

Muito tempo depois que a vacina antipólio descoberta por Salk foi liberada para o público, todos os jornais publicaram um artigo recomendando que todos os adultos abaixo de 40 anos de idade fossem vacinados. Ao que parece, um grande número de pessoas não tinha tomado a vacina nem provavelmente tinha a intenção de tomá-la. Também neste caso, por nada deste mundo consigo entender esse tipo de coisa. Será que esse pessoal tem complexo de mártir e *quer* ficar doente? Não sei, mas parece que sim. Nem a pobreza pode ser alegada como motivo. As injeções eram oferecidas de graça — mas ainda assim as pessoas abstiveram-se em massa.

Pare de deixar tudo para amanhã. Quem deixa tudo para amanhã vai acabar engordando. Se você acha que precisa fazer regime, pare de falar sobre o amanhã ou a semana que vem — comece agora, se não quiser começar nunca. Lembre-se que a maior parte vezes, em quase todo tipo de problema, não é o que você faz que o deixa cansado; é o que você *não* faz que causa a dificuldade!

O dr. John Donnelly escreveu: "Todo problema de frustração que é enfrentado com realismo e organização aumenta a força da personalidade. Todo fracasso com o qual se aprende uma lição proporciona uma experiência e um recurso que amplia a nossa capacidade de enfrentar novos problemas."

É a sua capacidade que conta, não a sua incapacidade

Se você tiver algum tipo de incapacidade física, não vou procurar aliviar-lhe o sentimento dizendo-lhe que existem pessoas em pior condição do que você. Posso, porém, sugerir que você pare de se preocupar, ou até mesmo de pensar na sua incapacidade. Substitua esses pensamentos pela idéia de que é a sua capacidade que conta, não a sua incapacidade.

Sua atitude mental é mais importante do que a incapacidade física. Pode ser que você nada possa fazer com relação à última, mas você pode, e deve, fazer algo com relação à primeira. Martha Washington certa vez escreveu a um amiga: "Aprendi por experiência própria que a felicidade e a infelicidade dependem sobretudo da nossa disposição, e não das condições exteriores." E *Sir* Roger L'Estrange disse: "Não é o lugar nem a situação, mas só a mente que pode fazer alguém feliz ou infeliz." Portanto, aja adequadamente.

Cerca de 35 anos atrás, dei uma conferência/demonstração de memória para os alunos da Escola Bulova de Relojoaria. Meu público era formado essencialmente por paraplégicos e portadores de membros artificiais, ou pessoas com vários tipos de mutilação grave.

Essas pessoas são exemplos perfeitos do que estou discutindo. Conversei com elas antes e depois da minha apresentação e, pelo que pude ver, todos eram felizes e bem inseridos em seu meio social. Tinham papel ativo nos bairros onde moravam e eram, na sua maioria, membros de times de beisebol ou de basquete. Caçoavam da própria incapacidade, e um deles, que tinha uma perna artificial, me desafiou brincando a apostar uma corrida em volta do quarteirão.

Todos aqueles homens e mulheres, muitos dos quais usavam somente os braços e em alguns casos só um braço, tinham ido para aquela escola para aprender um ofício com o qual pudessem ganhar a vida. Todos eram especialistas em mecânica e capazes de consertar qualquer relógio. E o mais importante, tinham adquirido o poder de superar sua deficiência.

Um dos deficientes físicos mais conhecidos dos E.U.A. é Helen Keller, que provavelmente acreditava nesta afirmação de Emerson: "Ninguém jamais teve um defeito que não lhe fosse útil em alguma coisa." A respeito de si mesma, ela declarou: "Agradeço a Deus pela minha deficiência, porque sem ela eu jamais teria me dado bem na vida."

Concorde ou não com essa afirmação, você tem de concordar com a atitude dela. É inevitável: a mente é capaz de suplantar qualquer coisa. O que lhe aconteceu não é tão importante quanto o modo pelo qual você reagiu. Pare de se preocupar com o que poderia ou deveria ter acontecido e preocupe-se mais com as coisas como elas são.

Espero, pois, que você concorde que há algo que se pode fazer com relação aos grandes problemas, mesmo que seja apenas uma questão de atitude. Encaremos os fatos: "O que não tem remédio remediado está" — mas é preciso tornar a realidade tão agradável quanto possível para nós mesmos e para os outros. Sempre que for possível fazer alguma coisa, qualquer coisa, faça-a sem dúvida. Caso contrário, aceite as coisas como elas são.

Poupei-me de muitos aborrecimentos depois que tomei a decisão de jamais discutir com as "autoridades" exceto para chegar a um resultado concreto. Abandonei esse tipo de cruzada quando compreendi que você só consegue o que quer uma vez em cada cem — e as úlceras são um preço alto demais a pagar por uma vitória tão ínfima. Na maioria dos casos, é melhor fazer como o indivíduo que, sabendo que sua encomenda inevitavelmente seria manuseada com toda a brutalidade, disse para o funcionário da agência de correios: "Ela é muito frágil. Podem bater, mas batam de leve, tá?"

É espantosa a nossa capacidade de aceitação da realidade quando nós nos decidimos a aceitá-la ou somos *obrigados* a fazê-lo. Li ou ouvi em alguma parte a história do jardineiro que escreveu ao Departamento de Agricultura: "Já fiz tudo o que os seus folhetos e manuais de instrução aconselhavam para erradicar os dentes-de-leão, mas ainda não consegui me livrar deles."

Pouco tempo depois, por carta, o jardineiro recebeu um sábio conselho: "Prezado Senhor, se já fez tudo o que lhe dissemos e ainda não conseguiu se livrar dos dentes-de-leão, só resta um coisa a fazer — aprenda a gostar deles!"

CAPÍTULO 10

Fortaleça os Bons Hábitos e Descarte os Maus Hábitos

O hábito ou é o melhor dos servos ou o pior dos senhores.
NATHANIEL EMMONS

Acho que um debate sobre os hábitos — bons e maus — é fundamental num livro como este. Contudo, muitas coisas sobre as quais eu gostaria de escrever neste capítulo pertencem, de fato, ao domínio da psicologia e da psiquiatria.

Não sou psiquiatra nem psicólogo, de modo que não seria sensato da minha parte entrar nessas áreas. Mas, de qualquer maneira, vou apresentar aqui minhas idéias a respeito dos hábitos.

Antes de tudo, como diz a epígrafe, o hábito pode ser um servo maravilhoso. Pode lhe poupar muito tempo e esforço e tornar as coisas em geral muito mais fáceis para você.

Há um outro provérbio que diz: "A sorte de um homem é moldada por seus hábitos." E eu acredito que há um bocado de verdade nisso. Se você se educar para adquirir bons hábitos de saúde, diversão, rapidez de decisão, aprendizagem e trabalho, é quase certo que vai adquirir também o hábito do sucesso e da felicidade.

Por outro lado, o pior e mais pesado fardo que você pode carregar nas costas é um feixe de maus hábitos. Fácil é cair nessa armadilha, difícil é sair dela. Horace Mann disse: "O hábito é uma amarra, cujos fios vamos tecendo a cada dia e que, por fim, não conseguimos romper."

Você quer vencer o hábito?

Muito já se escreveu sobre os métodos e procedimentos para vencer os maus hábitos e se livrar deles. Um especialista afirma que você tem de continuar repetindo deliberadamente o mau hábito. Por incrível que pareça, isso funciona em muitos casos. A idéia, suponho, consiste em trazer o hábito à luz, em forçá-lo a subir à consciência, repetindo-o voluntariamente.

Por exemplo: uma pessoa que está aprendendo a datilografar bate na tecla errada toda vez que quer datilografar um "e". A princípio, isso pode ser apenas um erro; porém, se repetido com bastante freqüência, ele se torna um hábito. A cura sugerida consiste em bater voluntária e conscientemente na tecla errada durante algum tempo. Em outras palavras, *forçar-se* a bater na tecla errada até que você consiga, consciente e deliberadamente, bater na tecla *certa*.

Isso dá certo em muitos casos. É fácil vencer certos hábitos depois que eles saem do subconsciente. Esse mesmo método tem sido usado para pôr fim a hábitos como a gagueira, roer as unhas e muitos outros. É claro que hábitos desse tipo devem ser tratados por um psicólogo formado.

Porém, com relação a alguns maus hábitos, acho que é pura insensatez usar esse método repetitivo. Se você quisesse parar de fumar, por exemplo, seria burrice fumar ainda mais.

Outros especialistas sugerem que o sujeito simplesmente ponha fim, por um ato da vontade, ao hábito do qual quer se livrar. Ora, vencer o hábito é o resultado final almejado; não é necessariamente o caminho ou o método para se chegar a esse resultado. Ademais, falar é fácil; o difícil é fazer.

Mesmo que você ordene a um gago que ele pare de gaguejar e repita essa ordem todos os dias da vida dele, eu duvido que ele pare. A gagueira, a exemplo de muitos outros hábitos, tem uma causa psicológica, e geralmente é necessário um psicólogo para ajudar a pôr um fim nela.

Recentemente (lembre-se, o livro foi escrito em 1961) falou-se muito da hipnose como uma panacéia para eliminar os maus hábitos. Diz-se que ela tem curado muita gente dos hábitos de fumar, roer unhas, comer em excesso e não conseguir dormir.

É fato que, desde que supervisionado por um médico, o método da hipnose pode trazer resultados. Via de regra, no entanto, a cura produzida pelo hipnotismo é apenas temporária. O hábito se impõe de novo com toda a força a não ser que a pessoa continue se submetendo à hipnose. Ou então, o que é ainda mais grave, um outro mau hábito toma o lugar daquele do qual a pessoa acabou de se livrar. Se você parar de fumar por meio da hipnose, de repente vai se ver roendo as unhas; se parar de comer por meio da hipnose, talvez comece a fumar ou aumente a quantidade de cigarros consumidos. Na minha humilde opinião, o melhor meio de pôr fim aos maus hábitos de pequeno porte é a *força de vontade.* Os que se queixam de que não conseguem parar de fumar parariam se verdadeiramente quisessem. A maioria simplesmente não quer, pois sentem prazer em fumar; é uma muleta que eles acolhem de bom grado e, por isso, continuam usando.

À parte os tiques, a gagueira — tudo o que procede de causas psicológicas —, pergunte a si mesmo se você quer de fato largar seus velhos hábitos. Você vai perceber que você aprecia a maior parte deles.

Só posso sugerir que você pare de se queixar e comece a fazer uma autolavagem cerebral para se dispor a abandonar todos os maus hábitos que possui atualmente.

Crie novos hábitos em lugar dos antigos

Experimente substituir por um bom hábito cada um dos seus maus hábitos e você realmente terá progresso. Toda vez que sentir vontade de roer as unhas, vá fazer algum trabalho que você vem adiando há muito tempo. Se quiser mesmo parar de fumar, quando lhe vier esse impulso e você estiver em casa, sente-se e escreva uma carta a alguém para quem deveria ter escrito há muito tempo. Dê aquele telefonema que está adiando ou comece a ler aquele livro que ainda nem abriu. E deixe os seus cigarros fora de alcance.

A meu ver, nós conservamos muitos hábitos irritantes porque não percebemos que eles incomodam os outros ou não sabemos o que fazer para vencê-los. Ora faça um exame de consciência. Pare e pense em todas as coisas que você habitualmente faz. Quantas são prejudiciais aos outros? Se quiser se arriscar, pergunte aos seus amigos. Porém, é melhor ter cuidado. William James disse certa vez: "Nós todos queremos que nossos amigos nos revelem nossas más qualidades; só não toleramos o imbecil que faz isso."

Acho que o melhor é cada um reconhecer os próprios maus hábitos. Quanto a saber vencê-los, faça disso um querer profundo. Procure substituir os maus hábitos por hábitos bons. Erasmo disse: "Arranca-se um prego com outro prego; supera-se um hábito com outro hábito."

A idéia de desafio, já mencionada, pode ser uma grande ajuda na superação dos maus hábitos. Faça uma aposta com você mesmo de que não cederá novamente a um determinado hábito. Se você realmente quiser vencer, conte aos seus amigos íntimos o que você vai fazer. Convide-os a ajudar você a cumprir a promessa; a zombarem de você, se necessário, caso saia da linha. Dessa forma, você mesmo se coloca contra a parede. Você não cederá ao velho hábito, no mínimo para não fazer feio diante dos seus amigos.

Você pode experimentar também o método utilizado pelo clube 24 Horas dos Alcoólicos Anônimos. (Tomei conhecimento dele depois de fazer uma apresentação para eles alguns anos atrás.) O "Clube" se chama 24 Horas porque seus afiliados se abstêm da bebida um dia de cada vez.

Eles se propõem o seguinte desafio: "Não vou beber hoje. Com certeza sou homem o suficiente para ficar longe da bebida só por um dia. Amanhã vou beber à vontade — mas, por hoje, eu me abstenho."

É claro que no dia seguinte eles fazem a mesma coisa. Quando você pensa em renunciar a alguma coisa para sempre, o futuro pode parecer assustador. Mas pensar na situação como um "sacrifício" que dura apenas um dia a torna mais fácil de suportar.

Depois de decorrido muito tempo, o impulso de ceder ao hábito desaparece ou pelo menos se torna passível de controle, e a batalha está quase ganha. Experimente você mesmo aplicar esse método para algum hábito que você queira superar. Você ficará surpreso com os resultados.

Não ceda aos sussurros da tentação, que lhe dizem: "Por que não?" ou "Só esta vez", ou ainda "Esta será a última vez". Ponha na sua cabeça que, se você ceder, estará de novo nas garras do hábito.

Portanto, experimente essas idéias. Proponha-se um desafio; peça aos seus amigos que zombem de você se você não cumprir com sua palavra. Prove o método das 24 horas e não ceda às pequenas tentações. Será necessário algum tempo e muito esforço, mas você acabará vencendo.

Afinal de contas, não vai ser fácil pôr de lado algo que você vem fazendo há anos e, em alguns casos, desde o nascimento; saiba que será difícil. Porém, se os maus hábitos estão lhe prejudicando a saúde, a popularidade, a felicidade ou as oportunidades de sucesso — já é hora de decidir de fato se livrar deles. Não é demais insistir nisso — *você de fato, com toda a sinceridade, precisa se decidir a se livrar deles.* O fato de não ser fácil eliminá-los lhe dará uma sensação maravilhosa de realização quando isso finalmente acontecer. Mark Twain disse: "Um hábito não pode ser jogado pela janela; é preciso persuadi-lo a descer as escadas degrau a degrau." E é exatamente isso que você estará fazendo com estes métodos.

O segredo é a concentração

Já falei um pouco sobre eliminar os maus hábitos. Que tal falar agora sobre como adquirir bons hábitos? Eu diria que o primeiro objetivo a alcançar é o hábito de fazer as coisas com regularidade. No capítulo que trata do tempo, eu disse que o hábito pode ser um grande artifício para economizar tempo, e isso é a mais pura verdade.

Conheço gente que parece incapaz de fazer as coisas do mesmo jeito duas vezes seguidas. Na minha opinião, a falta de concentração é o motivo. Aprenda a fazer as coisas com *atenção* ao como, onde e o quê, e depois de um certo tempo elas se tornarão hábitos. Então, você não terá mais de se concentrar nelas. Elas praticamente se farão sozinhas.

Se você tem o incômodo hábito de não rosquear de volta a tampa do creme dental, obrigue-se a se concentrar em repô-la no lugar. Pense nisso enquanto estiver escovando os dentes. Em dois tempos, você estará rosqueando a tampa no tubo sem perceber. A ação se tornará automática, habitual.

Você sempre deixa a torneira pingando à noite e depois tem de se levantar da cama para pôr fim ao irritante pingar? Concentre-se em girar a torneira até senti-la bem apertada. Isso vai garantir que ela estará fechada. Fazendo isso com atenção e consciência durante alguns dias, esse ato se tornará um hábito. Caso a torneira continue pingando depois disso, chame um encanador.

Um pouco de concentração no início vai poupar muito tempo e esforço depois. Quando uma ação se torna um hábito, você quase não precisa mais pensar nela. Preocupações triviais do tipo: "Será que eu fechei a torneira da banheira?" ou "Será que tranquei a porta?" podem ser evitadas se você se habituar com essas ações.

Eu sei que me é tão improvável sair de casa sem verificar se a porta está trancada quanto sair de casa sem vestir minhas roupas.

Por isso repito, obrigue-se a fazer todas essas coisinhas com atenção durante algum tempo. Elas se tornarão habituais sem você perceber. Conheço muito homens bem-sucedidos que podem dedicar a maior parte do tempo a atividades criativas porque se condicionaram a administrar seus negócios de maneira quase automática. As tarefas e deveres pequenos, necessários e repetitivos tornaram-se hábitos.

A infelicidade, quase sempre, não passa de um mau hábito! Você acorda mal-humorado toda manhã? Adquira o hábito de olhar-se ao espelho e sorrir para si mesmo ao se levantar. Parece uma coisa boba, eu sei — mas se você o fizer, vai ver como é bom. Transforme o ser feliz em um hábito e você vai começar a se divertir, muito antes do que imagina.

Não é demais sublinhar a necessidade de habituar-se a tomar decisões rápidas. Além de ser uma terrível perda de tempo, a indecisão é uma das principais causas da infelicidade. Leia o Capítulo 7 para saber mais sobre como evitar esse mau hábito. Segundo William James, "não existe ser humano mais infeliz do que aquele em que nada é habitual exceto a indecisão!"

Adquira o hábito de procurar fazer com que as outras pessoas se sintam bem. Pense nos probleminhas delas em vez de pensar nos seus, e você vencerá uma outra causa da infelicidade — a timidez.

Ser tímido é viver constrangido, apreensivo e pouco à vontade; a timidez se resume à preocupação constante com o que os outros estão pensando a respeito de você. Quando você se habituar a interessar-se pelos outros e pensar no bem-estar *deles*, não terá tempo para pensar em si mesmo. Lembre-se apenas de que *todo o mundo* vive pensando em si mesmo e no que aparenta para os outros. Todos buscam o reconhecimento e a aprovação de amigos e conhecidos, de modo que você não está só. Se você compreender isto, não terá mais razão alguma para ser tímido — afinal, estamos todos no mesmo barco.

Eis, pois, alguns dos meus pensamentos e idéias a respeito dos hábitos. Se alguns deles forem convenientes e apropriados para a sua pessoa em particular, cumpri minha missão. Experimente-os, ponha-os em prática, e eles vão funcionar para você.

CAPÍTULO 11

É Preciso Confiar nos Outros para Chegar ao Sucesso

O pai colocou o filhinho em cima do armário e insistia para que o menino pulasse para os braços dele. O garoto hesitava, assustado.

"Vamos, filho, pule! Estou aqui para pegar você." Porém o garoto choramingava e hesitava.

"Olhe, eu sou seu pai. Estou mandando você pular. Vou pegar você."

Finalmente, o menino fechou os olhos e pulou. O pai desviou-se para um lado e ele caiu no chão com um baque. Olhou para o pai com lágrimas de dor nos olhos. E o pai disse: "Pronto, isso vai ensinar você a nunca confiar em ninguém."

É excessivo o número de livros que entram na categoria do "tudo azul". A literatura do "tudo azul" é bonita, cheia de flores e passarinhos, mas não diz nada. Os piores exemplos dessa literatura, e os mais numerosos, segundo creio, são os livros que se limitam a pregar "Tenha fé", fé em Deus ou em si mesmo.

Calma — não fique chocado. Tenho por princípio jamais discutir religião ou política com ninguém, exceto com amigos muito íntimos. E mesmo assim sou muito cauteloso, porque depois de uma discussão a respeito de um destes assuntos, eles podem deixar de ser íntimos.

Compreendi há muito tempo que é quase impossível convencer alguém de que a minha religião, ou não-religião, é melhor ou mais lógica do que a dele; ou de que o meu partido político é melhor do que o partido em que ele vota. Então, por que fazer inimigos? Eu quase nunca falo sobre essas coisas.

Digo isso para assegurar você de que não estou propondo uma discussão religiosa quando digo que a maioria dos livros que dão ênfase à fé em Deus são do tipo "tudo azul".

Ora, por que escrever um livro inteiro sobre o assunto quando tenho certeza de que 90% das pessoas que o vão ler, não obstante a religião específica a que pertencem, já conhecem o valor da fé? Elas aceitam a premissa de que a fé em Deus é quase uma necessidade para uma vida feliz.

Mas você não acha que talvez Deus prefira que você cuide de alguns dos seus próprios problemas? Não acho que Ele queira que você passe a vida inteira na dependência d'Ele, sem fazer nada para ajudar a si mesmo.

Afinal de contas, cada um de nós foi dotado de um cérebro pensante e autônomo, e eu acho que essa dádiva tem motivos mais profundos. Talvez Deus sinta que isso alivia um pouco o fardo d'Ele.

Vou explicar melhor. A fé em Deus, segundo penso, é uma necessidade e uma virtude. Mas essa fé pode ser muito mais eficaz se for aplicada também a outras coisas. Em outras palavras, acho que além de ter fé em Deus é igualmente importante ter fé nos outros, fé na humanidade em geral. Quando pediram a Andrew Carnegie que explicasse o segredo de seu sucesso, ele deu uma resposta muito sucinta. Disse: "Fé em mim mesmo, fé nos outros e fé no meu negócio."

Aqueles que lêem livros do tipo "tudo azul" e acreditam sem pestanejar que a fé pode solucionar todo e qualquer problema não estão recebendo ajuda nenhuma. Foi um sábio quem afirmou que "Deus ajuda a quem se ajuda".

É correto acreditar que as suas *ações* vão dar certo, pois pelo menos você está *fazendo* alguma coisa. Mas eu sou totalmente contra o não fazer nada e achar que "Ele vai cuidar de tudo por mim".

O que a confiança nos outros pode lhe dar

Nos dias de hoje, é quase impossível não ser pelo menos um pouquinho cético e desconfiado. A verdade, porém, é que o ceticismo completo é irmão da infelicidade total. Quando você está doente, é ótimo ter fé de que vai ficar bom novamente; mas você há de concordar que é preciso ter fé no médico também.

Conheço gente que proclama aos quatro ventos a sua desconfiança nos médicos. Ora, a opinião deles geralmente muda quando sentem uma dor inesperada. Mas os que realmente se vêem em apuros são os que de fato não vão ao médico quando é necessário.

Quem sabe eles tiveram uma experiência ruim; quem sabe um médico lhes deu um diagnóstico incorreto — e daí? Será essa razão suficiente para desconfiar de *todos* os médicos? Claro que não!

Infelizmente, e inevitavelmente, os maus médicos existem, assim como existem maus advogados e maus dentistas — mas, em qualquer área, os profissionais competentes seguramente excedem em número os profissionais incompetentes.

O que estou querendo dizer é que, para resolver problemas, é uma boa idéia levar o problema a uma pessoa competente naquela área específica. Esse é um bom meio, e às vezes o *único* meio, de obter ajuda.

A "fé nos seus semelhantes" pode ser um lugar-comum, mas é uma coisa importante. É excessivo o número de pessoas que se preocupam e se atormentam desnecessariamente com um milhão de coisinhas que nunca vão acontecer, simplesmente porque não têm confiança nos outros.

Por volta de 1960, na cidade de Nova York, corria o boato de que certas garagens e estacionamentos tiravam os motores novos dos carros e instalavam motores velhos no lugar. É possível que um ou dois estabelecimentos tivessem sido flagrados fazendo isso, mas a probabilidade de esse fato acontecer comigo era baixíssima. No entanto, eu me preocupava a cada vez que deixava meu carro num estacionamento particular. Muitas noites no teatro foram arruinadas porque eu estava pensando mais no carro do que no enredo da peça.

Evidentemente, eu não podia continuar desconfiando de todos os estacionamentos e garagens. Simplesmente decidi esquecer essa história. Já faz trinta anos que ouvi esse boato e ainda não perdi nenhum motor.

O Presidente James A. Garfield disse em certa ocasião: "Já tive muitos problemas na vida. Mas nunca os piores." Assim, por que acrescentar preocupações desnecessárias às que já temos? Abra espaço para que o seu cérebro se ocupe de coisas mais importantes e pare de se preocupar com a possibilidade de ser tapeado pelo açougueiro, pelo padeiro e pelo empregado do estacionamento. A maioria das pessoas são confiáveis e fazem o seu trabalho tão honestamente quanto possível; por isso, tenha fé nelas.

Tudo isso pode parecer absolutamente insignificante para você, mas eu sugiro que você pare imediatamente de desconfiar das pessoas. O tempo e a energia que você desperdiça preocupando-se, devido à sua falta de fé nos outros, *não* são insignificantes. O dr. Frank Crane afirmou: "Pode ser que você seja enganado se confiar demais, mas vai viver atormentado se não confiar o suficiente."

Mas você acha que as pessoas se aproveitam de você?

Esta idéia, naturalmente, pode ser estendida a todos os aspectos da vida. Tome o seu trabalho como exemplo. Não preciso lembrar o quanto de inveja e de desconfiança mesquinha corrói o ambiente de alguns escritórios e empresas. Por que tanta gente acha que os outros estão se aproveitando delas? É por falta de fé nos colegas de trabalho e supervisores.

Se você é uma dessas pessoas obcecadas pela idéia de que os outros estão se aproveitando de você, ou de que todo o mundo está contra você, olhe para dentro de si mesmo, meu amigo. É provável que haja alguma coisa errada com *você*! Talvez você tenha alguns defeitos graves de que precisa se libertar. Provavelmente, o primeiro sentimento de que precisa se libertar é o de que não tem defeitos. Se você se sentir assim, nunca se libertará deles. Mas se você sabe que tem alguns defeitos (e quem não os tem?), é hora de parar de exigir que os outros o peguem no colo — procure fazer algo a respeito desses defeitos.

O pior de tudo, naturalmente, é não ter consciência de nenhuma falta; ou cair num egocentrismo tão grande que faz você imaginar que os seus defeitos são melhores do que as virtudes de qualquer outra pessoa.

Esse tipo de atitude forçosamente vai tornar você infeliz no trabalho ou em qualquer aspecto da vida. Vai ver que o seu chefe deu o aumento de salário ou o cargo de vice-presidente a uma outra pessoa, ao passo que, afinal de contas, é você que o merecia! Ora vamos, você merecia realmente ou apenas gosta de pensar que merecia? Pela sua cabeça passam centenas de razões que explicam por que você não conseguiu o que queria. Seu patrão gosta mais do outro sujeito, joga golfe com ele, vai jantar na casa dele e assim por diante.

Porém, na maioria dos casos, eu acho que essas coisas não têm tanta importância. A maior parte dos homens de negócios só querem saber quem é a pessoa mais qualificada para um determinado cargo, promoção ou aumento de salário. O que você precisa é confiar no seu chefe e acreditar que ele está interessado essencialmente no crescimento do negócio.

À parte o fato de que o seu concorrente joga golfe com o chefão, estará ele mais bem qualificado do que você para assumir a responsabilidade adicional de um cargo de subchefia? Será que ele é mais competente no trabalho? Será que ele trabalha sem resmungar? E, o mais importante, será que normalmente ele faz *mais* do que lhe pedem?

Acho que, se você responder todas essas perguntas com sinceridade, vai acabar descobrindo que, no fim das contas, não era você que merecia aquele aumento de salário. O que você pode fazer quanto a isso? Bem, antes de tudo, esqueça; pare de se lamuriar. Depois, proponha-se uma outra pergunta: "Sou feliz no que estou fazendo?" Se a resposta for "não", você tem duas opções: ou aprenda a ser feliz no trabalho ou, se achar que isso é impossível, encontre uma outra coisa para fazer!

Se você quiser fazer um esforço para ser feliz no trabalho, experimente esta receita: *interesse-se* pelo negócio; demonstre um pouco de entusiasmo por ele. Descubra tudo o que puder sobre os problemas do patrão; transforme suas obrigações em desafios interessantes; concentre-se no que você pode dar para o negócio, e não no que você pode tirar dele; não tenha medo do trabalho. Foi Arthur Brisbane quem disse: "O dicionário é o único lugar onde sucesso vem antes de trabalho."

Se a pessoa gosta do que está fazendo, o trabalho não pode lhe fazer mal. Tente fazer um pouco mais do que lhe pedem. Há inúmeras citações neste livro — comentários, histórias, idéias de pensadores. Se me fosse permitido usar apenas uma, acho que escolheria esta frase atribuída a A. W. Robertson: "Se um homem faz apenas o que lhe pedem, ele é um escravo. No momento em que fizer mais, será um homem livre."

Agora, voltemos ao terra-a-terra. Você se veste com esmero? É amável com seus colegas de trabalho? Sempre demonstra descontentamento quando é chamado a fazer algo que considera excessivo? Sempre diz que é capaz de fazer o serviço de todo o mundo melhor do que eles? Vive sempre se queixando?

Se alguma das suas respostas foi contrária à que você *sabe* ser correta, pare de se queixar por não conseguir aquele aumento de salário ou promoção — você tem sorte de não ter sido demitido!

Portanto, mude o seu comportamento — tome a decisão de confiar um pouco nas pessoas, incluindo seus superiores. E se você ainda se sentir infeliz por ter sido preterido no seu pedido de aumento salarial, lembre-se do que Elbert Hubbard disse: "Existem dois tipos de descontentes neste mundo; o descontente que trabalha e o descontente que reclama. O primeiro consegue o que quer, e o segundo perde o que tinha. Não existe remédio para o primeiro a não ser o sucesso, e não existe remédio algum para o segundo."

CAPÍTULO 12

A Curiosidade Também Pode Levar Você ao Sucesso

Deus me livre de não ter mais curiosidade, pois a curiosidade que anseia por manter-nos informados das grandes e pequenas coisas é a mola-mestra, o dínamo, a propulsão de toda vida bem vivida.

JOHN MASON BROWN

Sempre me admirei das pessoas que não têm curiosidade a respeito de nada; as pessoas que aceitam tudo como um ponto pacífico e simplesmente não pensam nas coisas que não compreendem. Eu me admiro porque não consigo entendê-las! Como pode alguém ver ou ouvir algo completamente novo e nem ao menos *tentar* compreender o "porquê" ou o "como" disso?

Há também os que invejam a sorte dessas pessoas. Afinal, "o que elas não sabem não pode lhes fazer mal".

Pode ser — mas eu mesmo não posso concordar com isso. Parece-me que a qualidade mais positiva que o ser humano pode ter, além do bom humor, é uma curiosidade saudável. A curiosidade pode ter "matado o gato"; mas, no que diz respeito aos seres humanos, a única coisa que uma curiosidade saudável pode matar é a ignorância.

Certa ocasião, quando eu andava pela cidade à noite, vi um carrinho esporte estacionado bem no meio da calçada. Fiquei ali parado observando por cerca de dez minutos; nesse meio-tempo, três casais passaram perto do carro e seguiram em frente sem sequer olhar para ele! É claro que a situação não era tão inusitada. Eu mesmo não fiquei curioso a ponto de ficar ali a noite inteira para descobrir por que ou como aquele automóvel estava estacionado num local tão incomum. Talvez alguém tivesse tido a idéia de fazer uma brincadeira. Três ou quatro homens teriam facilmente levado o carro da rua para a calçada.

Mas o que me espantou foram aqueles que passaram reto como se o carro estivesse numa situação perfeitamente natural. Tive a impressão de que, mesmo que o automóvel estivesse flutuando no ar, aquela gente não lhe teria dirigido um segundo olhar.

Eu posso estar errado, mas acho que são essas as pessoas que não têm curiosidade por coisa alguma. Elas caminham pela vida, por assim dizer, em linha reta, como um cavalo de corrida com seus antolhos; não se importam com nada nem enxergam coisa alguma a não ser seus próprios pequenos prazeres, frustrações e problemas. Não sou capaz de imaginar uma pessoa dessas criando uma idéia útil ou fazendo algo de interessante, a menos que ela desenvolva o hábito da curiosidade.

Pessoas como Edison, Einstein, Pasteur e Fleming não poderiam ter realizado coisa alguma se estivessem conformadas com a "normalidade" das coisas. Se Edison não tivesse curiosidade pelos fenômenos elétricos, se Bell não tivesse curiosidade pela transmissão dos sons, o mundo não teria se beneficiado das invenções deles. O próprio Alexander Graham Bell afirmou: "Saia de vez em quando do caminho batido e mergulhe na floresta. Certamente você há de encontrar algo nunca antes visto."

A panacéia universal para o tédio

A curiosidade é serva do interesse. A falta de uma automaticamente mata o outro. Se alguém tem pouca ou nenhuma curiosidade ou interesse, é porque deve estar sofrendo de um dos nossos maiores males — o tédio.

Existe, porém, uma panacéia universal para o tédio: a busca de conhecimento. O interesse e a curiosidade são as duas pilhas da sua lanterna; sem eles você não pode procurar o conhecimento.

O educador norte-ameriano Nicholas Murray Butler disse uma vez que "muitas lápides funerárias deveriam portar a seguinte inscrição: 'Morto aos 30. Enterrado aos 60'". Acho que ele estava falando das mesmas pessoas das quais eu estou falando agora: as que não têm nenhuma curiosidade ou interesse.

O tédio não depende da renda. É tão fácil encontrar um rico entediado quanto um pobre entediado. A toda hora temos notícia de uma pessoa rica e famosa que usa drogas, leva uma vida totalmente dissipada ou toma uma superdose de barbitúricos. Quanto a mim, não posso deixar de atribuir ao tédio a responsabilidade por muitos casos desse tipo.

Sem dúvida, muitas dessas pessoas já estiveram em todos os lugares e já viram tudo; e o perigo da indiferença está sempre pairando sobre elas. O problema é que elas podem até ter visto tudo com os olhos, mas não viram com a mente. Uma mente ativa nunca fica entediada. E a mente só é estimulada à atividade por um interesse saudável e uma curiosidade perspicaz.

Existem também aqueles que "ficam em cima do muro": pessoas que ainda não estão completamente entediadas, mas que logo estarão, porque buscam sempre o caminho mais suave para escapar de tudo quanto não conseguem aprender ou compreender. Estou pensando nos que assistem à apresentação de um mágico que levita do chão ou faz um elefante desaparecer, e dizem: "Ah, tudo isso é feito com espelhos!" — e depois esquecem o que viram.

Eu sei que essas situações não são absolutamente extraordinárias. Não estou sugerindo que essas pessoas estudem e passem a conhecer em detalhe as artes mágicas, mas não acho também que uma pessoa dotada de um grau normal de interesse e curiosidade deixe esses acontecimentos passarem em branco. Ela vai querer ao menos conversar sobre eles. Se as proezas mágicas fossem discutidas com uma mente aberta, os espectadores provavelmente chegariam perto de descobrir o segredo do truque. Pouco importa, porém, que o segredo seja descoberto ou não.

O que importa é que os envolvidos estariam exercitando a curiosidade e o interesse e, assim fazendo, estariam exercitando também a imaginação e a capacidade de pensar.

No meu próprio trabalho, já me deparei com pessoas que só vêem e só querem ver a superfície das coisas. Para lhe dar um exemplo, terei de correr o risco do exibicionismo e lhe contar um pouco do que faço nas minhas demonstrações/conferências sobre a memória (e isso há trinta anos).

Em primeiro lugar, antes da apresentação, eu cumprimento pessoalmente cada um dos membros da platéia. Depois, durante a conferência, peço que todos se levantem. Então, chamo a cada um pelo nome, apontando para a pessoa. Memorizo objetos e esconderijos escolhidos pelas pessoas; lembro um baralho completo de cartas na seqüência, depois de embaralhado; memorizo uma revista inteira, o número de habitantes de todos os Estados, e faço muitas outras proezas de memória.

Basta dizer que durante uma apresentação eu provavelmente me lembro de mais coisas do que a maioria dos indivíduos se lembra em um ano ou talvez em toda a sua existência. Ao longo dos anos, várias pessoas vieram me apresentar explicações fantasiosas sobre a minha capacidade. Acho que elas simplesmente se recusavam a acreditar que eu tinha uma memória bem treinada, que é o único meio de fazer o que faço. Já fui acusado de usar um rádio de pulso igual ao do Dick Tracy, microfones e câmeras ocultas. Uma mulher chegou até a aventar a idéia de que a minha esposa, Renée (ela não se apresenta mais comigo há quase 25 anos), estava me enviando sinais em código pelo estalar das unhas! É claro que essa mulher nem se deu ao trabalho de explicar como a minha esposa poderia ter-se lembrado de todas as informações para me transmiti-las por código.

Numa ocasião, depois de eu ter terminado uma demonstração, um cavalheiro me abordou e disse: "Sr. Lorayne, eu acho que sei como o senhor faz isso." Perguntei: "Como?", e ele respondeu: "O senhor tem uma boa memória!"

No entender desse cavalheiro, era só disso de que se tratava. Provavelmente ele esqueceu a coisa toda na mesma hora.

Pois bem, não estou querendo dizer que ele deveria ter me elogiado, me adorado ou coisa que o valha. É que a maioria das pessoas, depois de me ver trabalhar, ficam curiosas para saber como eu obtive a minha capacidade de memória; na maioria das vezes elas nunca tinham visto nada igual e ficam interessadas. Muitas me perguntam como fazer para melhorar a sua memória, que é ínfima.

O ponto que eu gostaria de sublinhar é que muitas das pessoas interessadas acabaram realmente melhorando sua memória supostamente ruim, mas isso só porque estavam interessadas e curiosas o bastante para perguntar a respeito de algo que não entendiam. *Você* estava curioso e interessado o suficiente para comprar este livro, e vai perceber que pode melhorar a *sua* memória quando ler os capítulos 15 e 16.

Retire os antolhos e veja o mundo

Esta referência não muito modesta à minha pessoa e à minha memória demonstra algo que venho procurando inculcar em você: pelo amor de Deus, retire esses antolhos! Não aceite tudo o que você vê ou ouve como um fato consumado. Pare de vez em quando ao longo do caminho — não feche, mas abra a mente para as coisas que você não compreende muito bem. Dedique um minutinho para explorá-las, por curiosidade, e talvez você venha a se interessar por outras coisas completamente novas.

Quase todos hão de concordar que as crianças aprendem tudo mais rápido e melhor do que os adultos. Alguns dizem que elas não aprendem, mas só imitam; outros asseveram que elas aprendem com mais facilidade porque dispõem de mais espaço para armazenar dados. Explique-se como quiser, elas certamente assimilam línguas, por exemplo, muito rapidamente quando são ainda bebês.

Sem ter feito um estudo aprofundado do assunto, me arrisco agora a dizer que o ser humano aprende mais coisas da primeira infância até a adolescência do que durante todo o resto da sua vida.

Pouquíssimas vezes encontrei uma criança que estivesse realmente entediada. Elas podem ficar entediadas por curtos períodos, mas nunca por um tempo significativo. Aprendem com rapidez porque são os seres mais curiosos que existem. Se você tem ou teve filhos pequenos, tenho certeza de que já sabe disto. A curiosidade é uma das características mais marcantes de uma mente vigorosa, e as crianças têm uma mente vigorosa e ativa.

Infelizmente, à medida que vamos envelhecendo e ficando mais céticos, vamos tendendo a perder essa qualidade tão importante — a curiosidade. Se isso aconteceu com você, a culpa é sua, e você terá de recuperar a curiosidade por conta própria.

Experimente. Desperte sua curiosidade, estimule seu interesse e ponha de uma vez por todas o tédio para escanteio!

Esse problema é bastante comum. Aqueles que já têm uma curiosidade ativa e se interessam por muitas coisas provavelmente vão concordar comigo e continuar sendo curiosos e interessados. Eles não precisam de ajuda. Mas a maioria dos que realmente precisam de ajuda, dos que não têm essa curiosidade ativa, devem estar pensando: "Bem, esse talvez seja um bom conselho, mas eu não sou, e nunca fui, uma pessoa curiosa. Como é que posso mudar agora?"

Ora, ora, deixe disso! Substitua esse pensamento negativo por este outro, positivo: "Não fui uma pessoa curiosa até agora, mas vou começar a exercitar a curiosidade." E o exercício de fato tem um poder incrível. Como sempre acontece, você vai perceber que, depois de forçar-se a ser curioso durante algum tempo, a curiosidade vai começar a se manifestar *automaticamente* em você.

Você talvez se surpreenda quando vir todo um novo mundo abrindo-se para você. Os novos interesses adquiridos podem ser duradouros e, como você sabe, isso pode levar à aquisição de conhecimentos valiosos e utilíssimos.

Foi a curiosidade que levou certas pessoas a adotar *hobbies* que duram a vida inteira. Muitos desses *hobbies* se transformaram em negócios interessantes e altamente lucrativos. Pare de fazer pouco daqueles que se interessam por filatelia, ferromodelismo, fotografia, magia e outros passatempos conhecidos no mundo inteiro. Examine-os você mesmo; um pouco de curiosidade lhe mostrará por que eles atraem o interesse de tantas outras pessoas, e pode até estimular o seu próprio interesse e propiciar-lhe um bom divertimento.

Um *hobby* não só ajuda a aliviar o tédio como também é uma maravilhoso exercício de criatividade. Ele mantém sua mente aguçada e clara. John Mason Brown diz que o *hobby* é um "importantíssimo reabastecedor da mente fatigada. Ele oferece descanso e estímulo ao mesmo tempo". E quem tem um ou dois *hobbies* certamente vai concordar com isso.

Sugestões práticas para ativar a curiosidade de qualquer pessoa

Eu tentei convencer você da importância da curiosidade e espero sinceramente que tenha tido êxito. Não quero, porém, encerrar este capítulo sem antes lhe dar alguns conselhos práticos e específicos sobre a curiosidade.

Eis que de repente lhe passa pela cabeça um pensamento semelhante a este: "Agora eu sei que me é útil ser curioso. Mas curioso com relação a quê? Devo procurar me interessar por todas as coisas insignificantes que eu vir ou ouvir? Preciso parar e examinar tudo o que estiver à minha frente?" Nesse caso, você ainda não entendeu o que eu estava querendo dizer.

É claro que você não precisa parar e examinar tudo. A seletividade é fundamental e, em pouco tempo, a sua mente só estará dando atenção às coisas que são importantes para você.

Um dos maiores negócios da cidade de Nova York é o setor de vestuário. Cerca de 30% dos maiores empresários desse ramo vieram das classes inferiores. Muitos destes tiveram pouca educação formal; foi a curiosidade e o interesse deles, fazendo-os vislumbrar uma meta ambiciosa, que os elevaram aos cargos que atualmente ocupam.

Para dar um exemplo concreto: conheci um homem que passou alguns anos no "bairro das confecções" puxando e empurrando carrinhos cheios de roupas através de calçadas repletas de gente. Ora, muitos dos que empurram esses carrinhos de mão não vêem um palmo além da frente do carro. Eles só estão interessados numa coisa — transportar as roupas de um lugar para outro. Esse é o serviço deles, e o que mais há para se pensar a respeito?

O homem de que estou falando, porém, tinha uma natureza curiosa. Ele se interessou pelas roupas que transportava. Ficou sabendo o quanto custavam e quis saber por que custavam tão caro. Nas suas horas vagas, ele se pôs a pesquisar o exato valor do material usado por peça de roupa. Aprendeu por que a confecção de roupas custava tanto e concebeu um método para reduzir esse custo. Em resumo, ele aprendeu tudo quanto pôde sobre o negócio sem sair de trás do carrinho de mão.

Não que ele tenha feito tudo isso em questão de semanas. Ele levou anos, mas quando teve a oportunidade de abrir um negócio próprio, ele estava pronto. O seu método de redução dos custos de fabricação e, portanto, de redução dos preços finais para mercadorias da mesma qualidade, não poderia deixar de fazer dele um sucesso. Atualmente ele contrata muita gente para empurrar por aí os carrinhos de mão de propriedade dele; e essas pessoas teriam a mesma oportunidade que ele teve se exercitassem a mesma curiosidade.

Este capítulo se dirige a pessoas de todas as idades. No entanto, os idosos mais felizes e joviais que eu conheço são aqueles cuja curiosidade ainda é aguçada e perspicaz. O tédio torna as pessoas velhas antes do tempo; a curiosidade, como você vai descobrir, é o melhor substituto para a mítica "fonte da juventude". Acho que é isso o que Harry Emerson Fosdick queria dizer quando afirmou: "A arte de aposentar-se não consiste em sair de uma atividade, mas em *entrar* numa outra atividade."

Você será mais feliz e muito provavelmente viverá mais tempo se estimular seu interesse e manter aguçada a curiosidade. Para aqueles cuja curiosidade fez com que se interessassem por muitas coisas, o mundo está repleto de satisfação. Quem perde o interesse não envelhece: caduca. Creio firmemente que as pessoas dotadas de uma curiosidade sadia vivem, de fato, mais tempo do que aquelas que deixaram a curiosidade pelo caminho.

O melhor pensamento para concluir o assunto talvez seja este, expresso nos versos de Rudyard Kipling:

Seis amigos fizeram-me o bem,
E tudo foram me ensinando.
Eram eles: o Como, o Que e o Quem,
O Porquê, o Onde e o Quando.

Não vai lhe custar nada nem lhe fará mal algum fazer amizade com esses mesmos seis camaradas.

CAPÍTULO 13

Você Pode Aprender o Que Você Quiser

Não é exagero dizer que a vida é, em sua maior parte, um aprendizado, e que a parte restante consiste tão-somente na execução prática do que já se aprendeu. Começamos a aprender pelo menos desde o nascimento; muito provavelmente, o processo de aprendizagem começa algum tempo antes disso. E tudo indica que essa aprendizagem só termina quando a pessoa está entre as garras da morte.

KNIGHT DUNLAP

A afirmação acima é verdadeira, sem dúvida. A aprendizagem é atividade de grande importância para nós enquanto indivíduos e membros da sociedade. Infelizmente, muitos chegam a um certo estágio de aprendizagem e passam o resto da vida escorando-se sem esforço no conhecimento adquirido até então.

Boa parte das coisas escritas neste livro têm o intuito final de possibilitar que você aprenda mais, ultrapasse esse ponto de parada. Curiosidade, entusiasmo, concentração, inteligência prática, memória e imaginação — todas essas coisas são fatores da aprendizagem.

A curiosidade dá a ignição; o interesse e o entusiasmo são as marchas lentas; a concentração e a memória, as marchas rápidas; e a realização é a velocidade de cruzeiro.

Todos somos capazes de aprender, pela simples razão de que ninguém sabe tudo, nem jamais saberá. Parece que quando paramos de aprender nós começamos a estagnar, a morrer. Todo o mundo conhece este chavão: "Aprende-se algo novo todos os dias." Mas será mesmo? Será que você pode sinceramente dizer que aprende algo novo todos os dias?

Bem, não importa. Não estou querendo dizer que você deva fazer isso. O que estou querendo dizer é que provavelmente há muitas coisas que você *gostaria* de aprender, mas ainda não aprendeu e provavelmente nem tem a firme intenção de aprender.

Por onde e como começar

Isso nos leva ao âmago do problema. Essa é a diferença entre o desejo de aprender e a *vontade* de aprender. Quantas vezes você já disse de si para si: "Eu gostaria de fazer isso" ou "Eu gostaria de ter capacidade para fazer aquilo"?

O fato é que pode ter milhões de desejos mas nunca aprender coisa alguma. É a vontade de aprender que opera milagres. Se você já foi ao museu de arte, ou viu alguns bons quadros em algum lugar, pode ser que tenha exclamado repentinamente: "Puxa, eu bem que gostaria de entender ou conhecer um pouco sobre arte", mas a coisa parou por aí.

Porém, se houver vontade de aprender, você pode aprender a entender a arte. Tenho certeza de que, se você procurar, vai encontrar muitos cursos de apreciação da arte. Se não houver um curso desses na sua cidade, você pode fazer um curso por correspondência. Esses cursos não são caros; aliás, se você procurar bem, vai descobrir que alguns deles são dados de graça.

Mesmo que você não se torne um entendido em arte, haverá de ter dela uma compreensão melhor. E, segundo William Allen White, "um pouquinho de erudição *não* é coisa maléfica, desde que a pessoa não se considere por isso uma grande especialista".

O importante aqui, como eu já disse, é começar. Se você começar a aprender uma disciplina porque está interessado nela, porque quer conhecê-la melhor, vai continuar até o fim.

Você quer aprender a jogar golfe ou tênis, a fazer um discurso, a escrever uma história, a ser um vendedor melhor, a falar uma língua estrangeira ou a dirigir um carro?

Ótimo! Pare de desejar e comece a aprender. Mesmo a atitude de achar que "eu não consigo fazer isso, sou burro demais" não vai atrapalhar, desde que você não deixe que ela o impeça de começar. Cícero disse: "O primeiro passo para o conhecimento consiste em reconhecer a própria ignorância."

Se você achasse que sabe tudo, com certeza jamais aprenderia coisa alguma. Alguns dentre os orgulhosos donos da riqueza pensam desta forma. Para estes, sempre achei que o moderno provérbio: "Se você é tão inteligente, então por que não é rico?" deveria mudar para: "Se você é tão rico, então por que não é inteligente?"

Seja lá como for, se você quiser aprender alguma coisa, *comece*. Sugiro que você comece formando uma idéia global da coisa que quer aprender. Se quiser aprender a jogar golfe, vá ao campo e faça uma tentativa. Tenha uma visão completa do problema.

Depois, procure um jogador experiente e deixe que ele conduza você ao seu objetivo, passo a passo. O mesmo vale para qualquer coisa que você quiser aprender. O importante, depois de começar, é estabelecer uma meta. Saiba exatamente para onde está caminhando. Se você tiver apenas uma idéia indistinta do que quer realizar, sua realização também será incerta e indistinta — na melhor das hipóteses.

Ao contrário do que diz a crença popular, a repetição por si só não é um bom meio de aprender. Repetir é fazer as coisas sempre do mesmo jeito; e quando você começa a aprender alguma coisa, está propenso a cometer inúmeros erros. Para que repetir os erros?

Se a sua tacada no golfe está errada, a repetição só vai contribuir para cristalizar os erros. O método errado se converterá num mau hábito, não no método correto.

Se a sua técnica de venda está errada, você pode visitar uma centena de clientes por dia e até, quem sabe, efetuar algumas vendas, mas a repetição do método errado não vai transformar você num vendedor bem-sucedido.

Qualquer instrutor de golfe ou de tênis lhe dirá que prefere ensinar uma pessoa completamente inexperiente a alguém que aprendeu sozinho um pouco sobre o jogo. Antes de começar a ensinar, neste último caso, o instrutor precisa fazer com que o pupilo "desaprenda" os seus erros. É difícil livrar-se desses erros, pois eles se tornaram habituais por meio da repetição.

Por conseguinte, não fique achando que a repetição reiterada de alguma coisa vai ensinar você a fazê-la como se deve. Se aprender é progredir, é preciso eliminar os erros à medida que se caminha. Proponha desafios para si mesmo. Isso vai lhe ajudar muito. Procure observar os que são mais versado do que você. Veja o que é que eles fazem que você não faz, ou o que eles fazem de diferente.

A meu ver, esse é um dos melhores meios de se aprender alguma coisa. Se você quiser melhorar sua técnica de vendas, observe o trabalho de um excelente vendedor; se quiser aprender a falar em público, observe e ouça com atenção um consumado orador.

E o mais importante: lembre-se que essas pessoas foram outrora aprendizes também — hesitando, tentando e eliminando erros. Se elas conseguiram, você também conseguirá.

Quando você está a ponto de desistir

O desânimo é o bicho-papão contra o qual é preciso estar sempre em guarda. Se você ficar desanimado ou enfastiado, perderá todos os progressos que já tiver feito. O sucesso ou o domínio de um novo assunto ou habilidade em geral vem logo depois do máximo desânimo! Se você já está tão perto, por que abandonar o caminho agora?

Assim que você vencer a maré mais baixa desse sentimento de desânimo, um novo dia vai raiar e você terá dado mais um passo na direção certa.

Não sei por que as coisas são assim, mas sei que são. Talvez seja porque, quando você está a ponto de desistir, toda a tensão e a rigidez se vão embora. Nesse momento, você fica mais relaxado do que em qualquer outro ponto do processo de aprendizagem. E você há de concordar que é muito mais fácil aprender quando se está relaxado.

Você também há de confirmar que dirigia perfeitamente o carro quando estava praticando com o instrutor, mas que, quando fez o teste para a habilitação de motorista, você ficou tenso e fracassou na primeira tentativa.

Quando você está sozinho no campo de golfe, você relaxa e lança a bola como uma seta na direção do alvo, a duzentos metros de distância. Mas quando está na companhia de amigos, você se esforça demais, fica tenso, tenta mandar a bola longe demais e geralmente a ergue demais, bate na direção errada, levanta uma nuvem de terra com o taco — ou erra a tacada!

Portanto, lembre-se de duas coisas quando estiver procurando aprender *qualquer coisa*: antes de mais nada, procure relaxar; depois, não se deixe desanimar.

Lembre-se que sem erros não existe aprendizagem. Cada erro localizado e eliminado representa mais um passo adiante.

Muitos cometem o equívoco de aprender algo da maneira errada e aferram-se a esse erro, aconteça o que acontecer. Senão, chegam a um impasse e procuram resolvê-lo à força, obstinadamente — sem admitir que talvez estejam fazendo algo de errado, sem a disposição de começar de novo.

Você já criou peixes tropicais? Eu já. Se você colocar uma fêmea de siamês lutador (Beta) num aquário, à vista de um macho em outro, este tentará alcançar a fêmea atirando-se contra a parede do aquário.

Vi um macho fazer isto seguidamente por quase uma hora, sem sinal de interrupção, até que eu tirei a fêmea do aquário vizinho. É claro que a atitude do peixe é estúpida — mas os peixes *são* estúpidos.

Não caia na armadilha de "persistir no erro". Se você não consegue ir além de um determinado ponto na sua aprendizagem, experimente uma estratégia diferente. Experimente diversas estratégias, tantas quanto necessário, até encontrar a estratégia certa — ou certa para *você*.

Isso me faz lembrar da história do jogador que estava sendo trapaceado. Um amigo perguntou então se ele não percebia que não poderia ganhar. O jogador respondeu: "Você acha que eu sou trouxa? É claro que eu sei que ele está trapaceando. Eu só quero uma desforra, depois eu abandono o jogo."

De acordo com uma pesquisa que li, todo o mundo é capaz de aprender. Há uma qualificação inata que determina, isto sim, o *grau* de aprendizagem de que a pessoa é capaz. Até agora, ninguém foi capaz de explicar essa qualificação inata — mas por que se preocupar com ela? O que importa é saber que você é capaz de aprender. Você jamais descobrirá qual é a sua capacidade se não procurar atingi-la — e tenho certeza de que ninguém jamais a atingiu. Walter Dill Scott afirmou: "Não há dúvida de que um homem mediano pode, sem prejuízo à sua saúde, aumentar em 50% a sua eficiência."

Alguns têm mais aptidão para aprender habilidades mentais do que habilidades físicas, e vice-versa. Os exemplos que usei nesse capítulo se aplicam aos dois casos. Também sou de opinião que as pessoas deveriam procurar aprender mais em ambas as áreas. Como eu disse no capítulo sobre a curiosidade, é enorme o número de pessoas que caminham pela vida sem retirar os antolhos, sem se desviar um milímetro do caminho suave do não-questionamento.

O conhecimento é poderoso, mas só quando posto em prática

Não seja um espectador da vida — procure *agir* sempre que possível. Nove entre dez pessoas são espectadores passivos e não participantes ativos. Acho que essa proporção poderia ser reduzida para no máximo quatro por um. Você nunca vai aprender nada de novo se não participar mais. Por que não experimenta? Da próxima vez que for chamado a participar ou a aderir a alguma coisa nova ou diferente (para você), diga "sim" em vez de dizer "não".

Você certamente aprenderá mais e abrirá novas perspectivas para si mesmo. Mesmo que você ache que já conhece alguma coisa, ponha esse conhecimento em prática; do contrário, será como se você *não* conhecesse nada. "O conhecimento é poderoso", mas só quando posto em prática. Se não for usado, será apenas potencialmente poderoso.

A propósito, Jeremiah W. Jenks disse: "A porta de entrada da mente de um homem é o que ele aprende; a porta de saída é o que ele realiza. Se a mente dele não for nutrida por um suprimento contínuo de novas idéias, e se essas idéias não forem trabalhadas e postas em prática em vista de uma finalidade, a mente ficará estagnada. Uma mente assim é um perigo para o indivíduo que a possui e é inútil para a comunidade."

Voltemos por um instante ao tema do desejo e da vontade de aprender. O desejo é necessário, evidentemente, mas como já dissemos, sem a vontade quase não se aprende. Dê uma olhada, por exemplo, nestas sílabas sem significado: brap, pim, mod, baf, nal, lin, rix, sul, pirn, dal, lig, fub.

Será que você consegue agora, sem olhar para elas de novo, lembrar de todas? Eu duvido. O fato é que você não prestou muita atenção nelas, prestou? Não houve desejo *nem* vontade de aprendê-las. (Se, por alguma razão, você tenha de se lembrar com freqüência de sílabas sem significado, seria bom que você lesse um dos meus livros de exercícios para a memória.) Mas agora, se você olhar de novo para aquelas sílabas, aposto que se lembrará da maioria delas, pois as estará olhando com uma atitude diferente: com o *desejo* (gosto) de se lembrar delas. Se realmente quiser (tiver vontade), você conseguirá lembrar de todas elas em pouco tempo.

A vontade de aprender é o fator principal da aprendizagem. Adquirida a vontade, vá agindo sistematicamente, de maneira organizada. Não seja descuidado e negligente, senão seu trabalho se tornará muitas vezes mais difícil. Forme uma concepção clara do que você quer aprender, e então você aprenderá mais rápido e melhor. Um desleixo na estratégia há de acarretar necessariamente uma imperfeição grave nos resultados.

Depois de conceber a coisa que quer aprender, vá avançando passo a passo. Compreenda e domine perfeitamente cada etapa antes de passar para a seguinte. Depois de dominar todas as etapas, você poderá praticar a habilidade em seu conjunto.

O mesmo princípio vale para as habilidades mentais, para a coleta e assimilação de informações. Se você quiser decorar um poema, leia-o e releia-o algumas vezes. Capte o sentido, o ritmo, a sensação do poema. Depois memorize um ou dois versos de cada vez. Por fim, exercite a recitação do poema completo.

Procure aprender as habilidades de preferência no ambiente em que pretende usá-las. Sei que eu jamais teria realmente aprendido a dirigir se não tivesse enfrentado várias vezes a batalha do trânsito de Nova York.

Para aprender a fazer um discurso, faça discursos. Fique em pé diante de uma platéia sempre que possível. No princípio você talvez tenha um desempenho horrível, mas vai aprender. Quando pegar o "jeito" da habilidade que está procurando dominar, você já estará quase lá. Esse "jeito" geralmente vem, como eu disse antes, quando você está no máximo do desânimo e quase a ponto de desistir.

Lembre-se sempre da sua meta. "Sem motivação, a aprendizagem não se manifesta." Que o interesse seja a sua motivação.

Por exemplo, os meninos sabem muito mais sobre os resultados e a história do futebol do que sobre as matérias escolares, porque em geral estão mais interessados em futebol.

Se, quando você estava estudando uma língua estrangeira na escola, você soubesse o quão importante ela poderia ser para você, teria aprendido essa língua muito mais rápido e melhor do que aprendeu.

Muitos adultos recorrem à antiquíssima desculpa: "Sou velho demais para aprender" ou "cachorro velho não aprende novas habilidades." Bobagem! Isso não passa de uma desculpa esfarrapada! Eles não querem dizer que são velhos demais para aprender, mas sim que são *preguiçosos* demais para aprender. O *interesse* pode até diminuir à medida que a pessoa fica mais velha, mas não a capacidade de aprender. E. L. Thorndike, especialista em educação de adultos, dizia: "A idade não é, de modo algum, um empecilho ao aprendizado de uma nova ocupação, profissão ou qualquer outra coisa que se queira fazer em qualquer fase da vida."

Portanto, quando você sentir o desejo de aprender alguma coisa, transforme esse desejo em vontade de aprender. Mantenha seu interesse aguçado; siga as sugestões aqui delineadas e nenhum obstáculo lhe será intransponível.

Lembre-se: "O conhecimento é riqueza para o pobre, honra para o rico, ajuda para o jovem e apoio e conforto para o idoso" (John C. Lavatar).

CAPÍTULO 14

Como Melhorar a sua Capacidade de Observação

É a doença da falta de atenção, a moléstia da falta de observação, o mal que me aflige.

SHAKESPEARE

Na minha opinião, não é necessário nem aconselhável que você desenvolva a sua capacidade de observação ao grau de um Sherlock Holmes; mas eu acho que a maioria das pessoas lucraria se observasse as coisas com um pouquinho mais de perspicácia.

As pessoas *olham*, mas quase nunca vêem. Uma vez que os dois capítulos seguintes têm como tema a memória, convém antes falar sobre a observação. Isso porque ninguém consegue se lembrar muito bem de algo que não observou. Os olhos têm de ver para que a mente interprete.

Você realmente vê aquilo que está olhando?

Olhe, por exemplo, para este quadro por um momento:

ÁRVORES NA A FLORESTA X

Então, o que está escrito? Será "Árvores na floresta?" Olhe de novo; quero que você tenha a certeza antes de continuar.

Tudo bem. Você o examinou? Pode olhar para o quadro novamente, se quiser. Se você acha que ele diz "Árvores *na* floresta", então você é como a maioria das pessoas: você não está observando. Há gente que olha para o quadro dez vezes e jura que é isso que está escrito. Porém, se você apontar para cada palavra enquanto lê, verá que ele diz "Árvores *na a* floresta!" Há um "a" adicional na frase.

Talvez você considere este exemplo um tanto sorrateiro, uma "pegadinha". Eu concordo. A mente tende a saltar direto para o final de locuções conhecidas. Mas ainda acho que isso prova que a maior parte das pessoas não observam. Faça esta experiência com os seus amigos e você também concordará.

Alguma vez você já saiu de um teatro ou cinema lotado no intervalo do espetáculo? Teve de sair lentamente, em fila, porque havia uma multidão de gente procurando sair por uma única porta? Isso já me aconteceu muitas vezes. Então, quando estou perto da porta, geralmente noto duas ou três outras saídas próximas que ninguém estava usando.

Ninguém observou, ninguém viu outras portas. Parece-me que isso acontece porque em geral não vemos o óbvio, o que é comum ou corriqueiro.

Se você não está de acordo com isso, será que consegue responder a estas perguntas? Você saber dizer, neste instante, para que lado vira a chave ao abrir a porta de casa? No semáforo, é o verde que fica acima do vermelho ou o vermelho que fica acima do verde? Qual é o saldo exato da sua conta bancária? O número seis do seu relógio é o 6 arábico ou o numeral romano VI? Que marca de cigarros o seu melhor amigo fuma? Qual é a cor das meias que você está usando agora?

Eu poderia fazer infinitas perguntas desse tipo, mas acho que não é necessário. Você, e todos os demais, hão de concordar em que a sua capacidade de observação precisa melhorar bastante. A primeira coisa que você tem de aprender é olhar para todos os objetos e acontecimentos com atenção e consciência. O capítulo sobre a concentração, em outra parte do livro, trata desse assunto em detalhe.

Se você quiser fazer um exercício — e a observação se torna um hábito com o exercício –, faça a seguinte experiência: pegue um pedaço de papel e procure fazer uma lista de todos os objetos que se encontram no seu quarto, sem olhar para ele, naturalmente. Relacione *tudo* o que lhe vier à mente — quadros, móveis, cinzeiros, todos os objetos.

Agora entre no quarto e dê uma olhada. Repare em todas as coisas que você não relacionou, as coisas que nunca observou de fato. Faça uma nova lista. A lista ficará mais longa depois de cada inspeção do quarto. Faça a mesma experiência com outros cômodos da casa. Continue fazendo este exercício por algum tempo, e a sua observação melhorará tanto dentro como fora de casa.

Pense numa rua conhecida, pela qual você passou muitas vezes. Veja se você consegue relacionar todos os estabelecimentos comerciais dessa rua. Procure relacioná-los na ordem correta. Depois, dê um passeio pela rua. Se não tiver se lembrado de todos, tente de novo. Depois, faça a mesma experiência com outras ruas. Olhe para a vitrina de uma loja e depois, sem olhar, veja quantos artigos você é capaz de relacionar.

Experimente visualizar um(a) amigo(a) seu(sua) e descrever o rosto dele(a) detalhadamente. Da próxima vez que vir essa pessoa, veja como se saiu. Note agora o que não observou antes. Há muitos meios de pôr à prova a sua capacidade de observação; quanto mais ela for posta à prova, melhor ela se tornará. É isso o que lhe sugiro. Só quero lhe assegurar que se você olhar e ouvir com atenção e consciência, não apenas vai poupar muito tempo e esforço como também vai aperfeiçoar a sua memória imediatamente. Samuel Johnson disse: "A verdadeira arte da memória é a arte da atenção."

A descoberta da moeda falsa

Já que estou falando de observação e memória, saiba que não me esqueci da promessa de lhe dar a solução do problema da "moeda falsa".

Você se lembra do enigma, não lembra? Você tem doze moedas, uma das quais é mais leve ou mais pesada do que as outras onze. Você tem uma balança de dois pratos na qual pode fazer apenas três pesagens para saber qual é a moeda falsa e saber se ela é mais leve ou mais pesada.

Espero que você tenha tentado resolvê-lo sozinho, principalmente porque nesse caso entenderá melhor a solução. A princípio, ela pode parecer mais complicada do que o problema. Proceda passo a passo e você não terá demasiada dificuldade. Três dos parágrafos seguintes estão identificados pelas letras A, B e C, porque você terá de voltar a eles uma ou duas vezes. Agora, eis a solução:

Antes de tudo, deve-se pesar quatro contra quatro moedas. Vamos considerar primeiro a possibilidade mais simples. Uma de duas coisas pode ocorrer: ou a balança se equilibra ou não. Vamos supor que ela tenha ficado em equilíbrio na primeira pesagem.

A. Evidentemente, você sabe agora que a moeda falsa é uma das quatro que você ainda não pesou. Na segunda pesagem, pese *três* dessas quatro contra três das moedas boas já conhecidas (três quaisquer daquelas que você já pesou). Novamente, ou os pratos da balança se equilibrarão ou não.

Suponha mais uma vez que eles tenham ficado em equilíbrio. Essa é a segunda pesagem, e agora você sabe que a moeda restante, aquela que ainda não foi pesada, é a moeda falsa. Resta-lhe uma pesagem, que é usada para descobrir se a moeda é mais leve ou pesada. Simplesmente pese-a contra qualquer uma das outras. Os pratos da balança não vão se equilibrar agora. Se o lado da moeda má descer, a moeda será mais pesada do que as outras onze; se ele subir, ela será mais leve.

Essa é uma solução possível. Mas voltemos à segunda pesagem (Parágrafo A), na qual você equilibra três moedas, uma das quais pode ser a moeda falsa, contra três moedas boas conhecidas. O que acontece se os pratos da balança *não* se equilibrarem? Simples! Fique de olho no lado da balança que provavelmente contém a moeda falsa. Se esse lado desce enquanto o outro lado sobe, então você sabe que uma dessas três moedas é falsa e que ela é mais pesada que as outras. Se ele subir, então a moeda falsa é mais leve que as outras.

B. Agora, a terceira pesagem: você ficou com três possíveis moedas falsas. Simplesmente pegue duas delas e pese-as uma contra a outra. Se elas se equilibrarem, é porque a terceira (a que não foi pesada) é a moeda falsa. Você já sabe se ela é mais leve ou mais pesada desde a segunda pesagem. Se, por outro lado, os pratos da balança não se equilibrarem, o fato de você já saber se a moeda falsa é mais pesada ou mais leve basta para lhe dizer que ela é. Se a segunda pesagem lhe revelou que a moeda falsa é mais leve, então a moeda no lado da balança que agora sobe é a falsa. Se você sabe que a moeda falsa é mais pesada, então aquela que desce é a moeda falsa!

Pois bem, aí você tem a solução completa para o caso de os pratos se equilibrarem na primeira pesagem. Se eles não se equilibrarem, a coisa fica ainda mais complicada. Vá lendo a solução devagar, visualizando toda a seqüência. No fim, vou lhe mostrar um meio fácil de simular o problema para que você possa entendê-lo com mais clareza.

Se os pratos não se equilibrarem na primeira pesagem, as quatro moedas no lado ascendente devem ser consideradas as possíveis "leves" e as quatro no lado descendente as possíveis "pesadas"; as quatro que você não pesou são, certamente, moedas boas.

O problema então se reduz ao seguinte: você não pode deixar mais de três moedas para a última pesagem. Eis como fazer isso.

De novo, na segunda pesagem, você vai pesar quatro contra quatro, com esta diferença, porém — no lado esquerdo (por exemplo), coloque uma das possíveis moedas leves e três das moedas boas conhecidas.

No lado direito, coloque uma possível moeda pesada e as três restantes possíveis moedas leves. Assim, terão sobrado uma moeda boa conhecida e três possíveis moedas pesadas. É claro que você tem de saber quais são as moedas e onde elas estão.

C. Agora, os pratos da balança podem, novamente, se equilibrar ou não. Se eles se equilibrarem, você saberá que a moeda falsa é uma das três possíveis moedas pesadas que você deixou de fora da segunda pesagem. Assim, termine como fez antes (no Parágrafo B): tome duas dessas possíveis moedas pesadas e pese-as uma contra a outra. Aquela que descer é a moeda falsa, mais pesada. Se elas se equilibrarem, a restante é falsa e mais pesada. No entanto, o que acontecerá se os pratos não se equilibrarem na segunda pesagem? Suponha que o lado esquerdo suba e o lado direito desça. Neste caso, a moeda falsa tem de ser a possível moeda "leve" no lado esquerdo, ou a possível moeda "pesada" no lado direito. (Você sabe por que, não sabe? Se ela fosse uma das três possíveis moedas à direita, esse lado teria subido. As outras três à esquerda são comprovadamente boas, de modo que não poderiam ser a falsa.)

Muito bem. Você ficou com uma possível moeda pesada e uma possível moeda leve para a última pesagem. Simplesmente pese uma das duas contra uma moeda boa. Se você usar a possível moeda pesada e ela descer, será ela a moeda falsa. Se elas ficarem em equilíbrio, a possível moeda leve não será mais "possível" — será leve mesmo.

Ora, se o lado esquerdo descer e o lado direito subir na segunda pesagem, a solução será um pouco diferente. Você saberá então que a moeda falsa é uma das três possíveis moedas leves no lado direito. (Se fosse a possível moeda pesada, o lado direito teria descido. Se fosse a possível moeda leve no lado esquerdo, este teria subido.)

Assim, restam-lhe três possíveis moedas leves. Termine como nos Parágrafos B e C. Tome duas das possíveis moedas leves e pese-as uma contra a outra. Se um lado subir, será essa a moeda falsa, mais leve. Se os pratos se equilibrarem, será então a moeda restante.

Essa é a solução completa! Eu sei que ela parece muito complicada, mas na verdade não é. Quando você entender o que está escrito e conseguir se lembrar de onde está cada moeda, a solução será clara como a água.

Eis um modo fácil de visualizá-la. Tire de um baralho onze cartas pretas e uma vermelha. A carta vermelha representará a moeda falsa. Agora, chame um amigo que esteja disposto a ajudar e peça que ele embaralhe as doze cartas. Em seguida, sem olhar, coloque quatro cartas com a face para baixo à sua esquerda e quatro à sua direita, como se as estivesse pondo numa balança. Peça ao seu amigo para decidir, por ele mesmo, se a carta vermelha (a moeda falsa) será pesada ou leve, e manter a decisão em segredo.

Agora ele olha para as cartas e indica com a mão o movimento da balança — qual dos lados sobe e qual dos lados desce, ou se eles ficam em equilíbrio. Então você prossegue de acordo com as instruções dadas acima. É só. Você vai ver que depois da terceira "pesagem", será capaz de dizer-lhe qual é a carta vermelha e se ela era mais pesada ou mais leve.

Pode ser inclusive que você queira rever a solução imediatamente, usando a idéia das cartas para ajudar você a acompanhá-la e tê-la clara em sua mente. Divirta-se!

Eis aqui mais um exercício para você. Leia as quatro linhas seguintes. Conte os "D". Memorize o número total e compare-o com a resposta correta que, se continuar a leitura, você encontrará algumas páginas adiante. Não olhe a resposta enquanto não tiver lido as quatro linhas uma ou duas vezes e, é claro, tiver chegado ao número total de "D".

UM BANCO DE DADOS COMPLETO É O RESULTADO
DE ANOS DE ESTUDO CIENTÍFICO
COMBINADOS COM A EXPERIÊNCIA
DE MUITOS ANOS.

CAPÍTULO 15

Como se Lembrar de Qualquer Coisa com o Mínimo de Esforço

PACIENTE: *Doutor, o senhor precisa me ajudar. Estou perdendo a memória. Tudo aquilo que eu ouço, esqueço logo no momento seguinte. Eu não sei o que fazer.*

DOUTOR: *Quando foi a primeira vez que você notou isso?*

PACIENTE: *Notei o quê?*

Na minha opinião, a faculdade que mais ilustra o que é uma mente organizada é a memória, talvez porque seja ela a que eu conheço mais de perto. Escrevi este capítulo e o capítulo seguinte, sobre a memorização de nomes e fisionomias, mais de trinta anos atrás! Fico satisfeito e agradavelmente surpreso por constatar que, salvo pequenas alterações, o texto continua ainda perfeitamente válido. É claro que, nestes capítulos, eu não vou muito fundo no assunto.

Qualquer um pode melhorar a própria memória. Tudo o que se quer memorizar deve ser associado, de alguma forma, com algo que *já está* fixado na memória. Tudo o que se memoriza depende desse tipo de associação.

Quantas vezes você já viu ou ouviu alguma coisa que fez você estalar os dedos e exclamar: "Ah, isso me faz lembrar...!?" A coisa que fez você se lembrar pode não ter nenhuma ligação óbvia com a coisa da qual você se lembrou. No entanto, houve aí alguma associação. O problema é que essas associações são feitas de modo subsconsciente. Se você aprender a fazê-las *conscientemente*, terá uma memória bem educada.

O sistema das associações conscientes vem sendo usado há anos para ajudar as pessoas a lembrar de quase tudo. A frase "*E*very *G*ood *B*oy *D*oes *F*ine" [Todo bom menino se comporta bem] ajudou você a se lembrar das notas do pentagrama na clave de sol quando você freqüentava a escola. A frase "Never bel*ie*ve a *lie*" [Nunca acredite numa mentira], ajudou você a lembrar que o "i" vem antes do "e" na palavra "believe". A palavra "homes" ajuda a recordar os nomes dos Grandes lagos: *H*uren, *O*ntario, *M*ichigan, *E*rie e *S*uperior.

O segredo da associação mnemônica

Não pretendo inserir neste livro um curso completo de desenvolvimento da memória; quero, porém, mostrar a você como a sistematização e a organização podem levar sua memória a níveis nunca antes vistos.

Por exemplo, olhe para estas doze palavras: livro, flor, cigarro, óculos, sapato, mala, carro, relógio, bola, caneta, gravata, navio.

Você acha que seria capaz de se lembrar de todas essas palavras nessa ordem, da primeira à última, depois de lê-las ou ouvi-las uma única vez? Eu duvido. Ainda estou para conhecer alguém que consiga sem ter a memória muito bem exercitada. Mas acho que posso ensinar você agora, neste capítulo, a memorizar esses doze objetos (ou qualquer outra série de doze ou mais) nas ordens direta *e* inversa.

Já lhe disse que isso se faz por meio da associação. Isso quer dizer simplesmente que você tem de ligar ou juntar dois objetos de cada vez — e para reforçar ainda mais a associação, eles devem ser ligados de maneira absurda ou ilógica. Nós sempre tendemos a nos lembrar mais das coisas ridículas, cômicas ou anormais do que das coisas agradáveis.

Pois bem, o primeiro objeto é "livro", o seguinte é "flor". Você deve visualizar mentalmente alguma associação absurda entre ambos. Por exemplo, você pode "ver" uma flor lendo um livro — ou livros crescendo no jardim em vez de flores. Escolha a associação que você considerar a mais ridícula e imagine-a por um instante.

Se você não *vir* de fato a imagem, não se lembrará dos objetos. Depois de vê-la, porém, esqueça-a e passe para a próxima. "Cigarro" é o objeto que queremos lembrar agora. Associe-o com "flor". Você está fumando uma flor, ou uma flor está fumando um cigarro, ou cigarros (acesos) estão crescendo no jardim em vez de flores. Escolha uma e imagine-a rapidamente.

Óculos. Veja um grande cigarro usando óculos, ou você fumando um par de óculos; ou veja-se com dois cigarros, em vez de óculos, nos olhos.

Captou a idéia? Você sempre associa o objeto presente com o precedente e, ao fazer isto, forma uma cadeia que vai conduzindo de cada objeto ao próximo. Todas as associações têm de ser ilógicas e *têm de ser imaginadas.*

Aqui vão algumas sugestões de associações absurdas para o restante dos itens. Em cada caso, selecione a que lhe parecer a mais ridícula e visualize-se por uma segundo.

De óculos para sapato. Você está usando óculos nos pés em lugar de sapatos (as lentes se quebram e cortam seus pés). Ou um sapato gigantesco está usando óculos. (Imagine a cena.)

De sapatos para mala. Você está usando malas nos pés em vez de sapatos. Ou você abre uma mala e um milhão de sapatos saem voando e chutam seu rosto. (Visualize a associação que você fez.)

De mala para carro. Você está dirigindo uma grande mala, em vez de um carro. Ou está carregando um carro, em vez de uma mala. Ou um carro está carregando uma mala. Ou uma mala está dirigindo um carro. (Escolha uma associação e imagine-a.)

De carro para relógio. Você está dirigindo um relógio gigantesco em vez de um carro. Ou um grande carro está em cima da sua mesa e você olha para ele para saber as horas. Ou um grande relógio é o seu motorista e está dirigindo o carro. (Não se esqueça de visualizar a imagem.)

De relógio para bola. Você está chutando um relógio, não uma bola. Ou um grande relógio (ou um "time" de relógios) está jogando futebol. (Não se esqueça de visualizar a cena.)

De bola para caneta. Você está batendo na bola com uma caneta enorme. Ou está escrevendo com uma bola, não com uma caneta. Ou uma grande caneta está jogando futebol. (Não veja apenas as palavras, imagine a cena real.)

De caneta para gravata. Você está usando uma caneta em lugar da gravata. Ou uma grande caneta está usando gravata. Ou você está escrevendo na sua gravata com uma caneta. (Visualize a cena).

De gravata para navio. Você está usando um navio no pescoço em vez da gravata. Ou você está navegando numa gigantesca gravata, não num navio. Ou um milhão de gravatas (em vez de pessoas) estão navegando num navio. (Selecione uma associação e visualize a cena.)

Muito bem. Se você "viu" cada uma dessas imagens mentalmente, será capaz de memorizar a seqüência de "livro" até "navio"! Experimente.

Quando você pensar em "livro", a imagem da flor lendo um livro virá à mente. Em seguida, a idéia de "flor" fará você pensar que está fumando uma flor, não um "cigarro". Depois, você está usando cigarros em lugar de "óculos". Prossiga até "navio".

Você pode inclusive ir mais longe. Se tiver tornado as associações absurdas e bastante fortes, será capaz de começar com "navio" e se lembrar de todas as palavras de trás para diante até "livro". Experimente fazer isso. Você vai se surpreender.

Essa idéia em particular pode ser usada para a memorização de qualquer seqüência de coisas. No capítulo sobre como falar em público, digo que o melhor meio de fazer um discurso é procurar conhecê-lo idéia por idéia. Ora, essa é uma seqüência.

Se você tiver anotado seu discurso, releia-o e extraia de cada idéia uma *palavra-chave.* A palavra-chave tem de fazê-lo lembrar da idéia inteira. Depois, "ligue" todas essas palavras exatamente como fez com os objetos acima, e jogue fora as suas anotações!

Se você repassar as suas "ligações" algumas vezes, vai constatar que é mais fácil se lembrar delas do que esquecê-las. Experimente lembrar os doze objetos amanhã, e você verá que ainda consegue.

À medida que você for concluindo uma idéia durante o seu discurso, a seguinte virá à memória quase automaticamente. E assim sucessivamente, até o fim.

Como lembrar-se das coisas em qualquer ordem

Quando se trata de lembrar das coisas em ordem ou fora de ordem, ou por número — bem, como eu disse, não pretendo incluir neste livro um curso completo sobre a memória. Meus livros sobre o assunto ensinam o sistema completo de "ganchos" para lembrar um número indefinido de coisas. Contudo, só para ilustrar o poder de uma mente organizada aliada a um pouco de imaginação, vou ensinar-lhe um método, embora limitado, de memorizar, digamos, dezesseis itens em ordem ou fora de ordem. Ele também servirá para que você se lembre das incumbências do dia, de listas de compra, compromissos e muitas outras coisas.

Não se esqueça de que qualquer coisa que você quiser lembrar tem de ser associada com algo de que você *já* se lembra. Vou lhe dar dezesseis objetos que devem ser memorizados uma vez, e eles o ajudarão a se lembrar de dezesseis outras coisas sempre que quiser.

É verdade que a lista de "ganchos" poderia ser feita de quaisquer objetos. No entanto, a lista seguinte é muito indicada porque cada objeto tem um motivo específico para representar o número que ele representa, e não poderia representar outro número além desse. Você não terá de repassar a lista inteira para saber qual número é representado por qual objeto.

1
2
3
4
5
6
7
8
9
10
11
12
13
14
Décimo
quinto andar,
por favor!
15
Rodovia
16
16

Para o número 1, imagine uma *varinha* mágica. Uma varinha em posição vertical lembra o algarismo 1. (Ver ilustração.)

Para o número 2, imagine um cisne. Com um pequeno esforço de imaginação, um cisne se parece com o número 2. (Ver ilustração.)

Para o número 3, eu geralmente imagino um *trevo.*

Para o número 4, você pode imaginar qualquer coisa com quatro pés — uma *mesa,* uma *cadeira* ou um *animal quadrúpede.* (Ver ilustração.)

Para o número 5, imagino uma *estrela* de cinco pontas. (Ver ilustração.)

Para o número 6, imagine uma tromba de elefante, curvada de modo a parecer um 6. (Ver ilustração.)

Para o número 7, uma *bandeira* tremulando ao vento. (Ver ilustração.)

Para o número 8, imagine uma *ampulheta.* (Ver ilustração.)

Para o número 9, um *cachimbo* de pé sobre a piteira. (Ver ilustração.)

Para o número 10, imagine um *bastão* e uma *bola.* O bastão representa o algarismo 1 e a bola representa o zero. (Ver ilustração.)

Para o número 11, a primeira imagem que criei foi a de fios de *macarrão.* (Ver ilustração). Por isso, o macarrão sempre vai representar o número 11 para mim.

Para o número 12, imagine um *relógio* marcando meio-dia. (Ver ilustração.)

Para o número 13, você pode imaginar um gato preto ou alguém passando debaixo de uma *escada.* (Ver ilustração.)

Para o número 14, imagine um *relâmpago* em forma de 14. (Ver ilustração.)

Para o número 15, eu desde o começo me imaginei entrando em um *elevador* e dizendo "décimo quinto andar, por favor". Assim, imagine um elevador para este número. (Ver ilustração.)

Para o número 16, imagine uma *placa rodoviária* com os dizeres "Rodovia 16". (Ver ilustração.)

Com o pequeno "recurso mnemônico" que lhe dei para cada objeto, você provavelmente não terá nenhuma dificuldade para se lembrar deles. Exercite-se até memorizá-los em ordem e fora de ordem. Eis a lista mais uma vez.

1. varinha mágica	9. cachimbo
2. cisne	10. bastão e bola
3. trevo	11. macarrão
4. mesa	12. relógio
5. estrela	13. escada (gato preto)
6. tromba de elefante	14. relâmpago
7. bandeira	15. elevador
8. ampulheta	16. placa rodoviária

Como usar a chave da memória

Agora, se você já fixou esses objetos na mente, vou lhe mostrar como usá-los. Não faça a experiência enquanto não conhecer as dezesseis "palavras-gancho" de comprido e atravessado. Digamos que você queira fazer uma proeza para se exibir diante dos seus amigos. Peça para alguém chamar a esmo os números de 1 a 16 e dizer um objeto qualquer para cada número. A pessoa deve anotar quais são os números e objetos à medida que os for chamando, para lembrar-se deles.

Quando os dezesseis números tiverem sido chamados, você será capaz de se lembrar de todos os itens em ordem; ou então, a outra pessoa poderá citar qualquer número e você lhe dirá o item correspondente; ou ainda, ela lhe dará o item e você lhe dirá a posição numérica dele!

Eis o que você terá de fazer: quando um objeto for citado, associe-o de maneira absurda ao "gancho" que representa o número citado. Por exemplo, se "janela" for citada para o número 9, imagine um *cachimbo* espatifando uma janela, ou uma janela fumando cachimbo.

Por que você não experimenta fazer isso agora? Vou citar os dezesseis números e objetos aleatoriamente, com uma sugestão sobre como associar cada um com o "gancho". Faça associações tão absurdas quanto possível; imagine-as claramente e você se surpreenderá.

Nº 9: janela — eu já ajudei você neste.

Nº 16: carteira — imagine uma grande carteira em vez de uma placa rodoviária, ou você abre a carteira e dela cai uma grande placa rodoviária.

Nº 3: gaiola — imagine um trevo preso numa gaiola em vez de um pássaro.

Nº 11: cinzeiro — imagine-se batendo as cinzas do cigarro num prato de macarrão.

Nº 7: jornal — você está agitando um jornal em vez de uma bandeira, ou você está lendo uma bandeira.

Nº 14: rádio — um raio destrói o seu rádio, ou você liga o rádio e ele emite um raio.

Nº 1: chapéu — você está brandindo um chapéu em vez de uma varinha mágica, ou você brande sua varinha mágica num chapéu e ele desaparece, ou ainda você usa uma varinha mágica em lugar do chapéu.

Nº 12: cesto de lixo — imagine um cesto de lixo, em vez de um relógio, sobre o consolo da lareira, ou imagine o cesto cheio de relógios.

Nº 5: cama — imagine uma estrela grande deitada numa cama, ou uma cama pairando no céu e brilhando como uma estrela.

Nº 15: lâmpada — imagine-se subindo numa lâmpada, não num elevador, ou imagine que a porta do elevador se abre e um milhão de lâmpadas saem rolando de dentro.

Nº 6: máquina de escrever — imagine um elefante datilografando com a tromba, ou um elefante com uma máquina de escrever no lugar da tromba.

Nº 13: telefone — imagine um telefone subindo a escada, ou você falando numa escada, não num telefone, ou ainda uma escada falando ao telefone.

Nº 4: revólver — imagine-se usando um grande revólver em lugar de uma mesa, ou uma mesa disparando um revólver.

Nº 10: casa — imagine sua casa jogando beisebol, ou você demolindo uma casa com um bastão de beisebol.

Nº 2: mala — imagine uma mala flutuando num lago como um cisne, ou que você abre a mala e um cisne sai nadando de dentro dela.

Nº 8: quadro — imagine uma ampulheta emoldurada na parede, como um quadro, ou que você vai virando o quadro de cabeça para baixo para que a areia escoe, como numa ampulheta.

Agora você certamente será capaz de enumerar todos esses itens de 1 a 16. Pense no seu "gancho" para o número 1. Ele é uma varinha mágica. Você se lembra de que estava usando uma varinha mágica em vez de um *chapéu.* Portanto, o número 1 é o chapéu. Seu "gancho" para o número 2 é o cisne. Uma *mala* estava flutuando no lago em vez de um cisne. O "gancho" para o número 3 é o trevo — um trevo está numa *gaiola.* O "gancho" para o número 4 é a mesa — uma mesa estava disparando um *revólver*, e assim por diante.

Veja se você consegue preencher as espaços em branco:

1.	____________	9.	____________
2.	____________	10.	____________
3.	____________	11.	____________
4.	____________	12.	____________
5.	____________	13.	____________
6.	____________	14.	____________
7.	____________	15.	____________
8.	____________	16.	____________

Você preencheu a maioria? Se você errou um ou dois, suas associações não foram bastante fortes. Reforce-as agora. Naturalmente, se um objeto for citado, você será capaz de dar o *número* dele imediatamente. Digamos que "telefone" seja citado. Você está lembrado da imagem de falar numa escada, não ao telefone? Escada é o "gancho" para o número 13 — logo, "telefone" corresponde ao número 13.

Bem, espero ter-lhe mostrado como um pouco de organização e de imaginação podem possibilitar que você faça algo que jamais foi capaz de fazer antes. Reconheço que esta idéia é limitada, embora você possa alongar a lista, se quiser. Contudo, o sistema "de ganchos fonéticos" ensinado nos meus outros livros e nos meus cursos pode chegar aos milhares sem nenhum problema.

Ademais, o sistema aqui explicado pode ser usado para os mais diversos objetivos. Se você tem uma lista de deveres e compromissos para lembrar, relacione-os com a lista de "ganchos". Você precisa mandar lavar o carro — associe carro com varinha mágica. Depois você tem horário marcado no dentista — associe dentista com cisne. Você precisa comprar um guarda-chuva — associe guarda-chuva com trevo. Você tem uma conta a pagar — associe conta com mesa, e assim por diante com todas as incumbências do dia.

Uma vez pronta a lista, repasse-a, uma "palavra-gancho" por vez o que tem de fazer em seguida. Se, no serviço, você precisa dar uma palestra sobre vendas, pode associar cada um dos tópicos da palestra com cada uma das "palavras-gancho". Tenho certeza de que você achará muitas utilidades para a lista.

Agora que você vê a possibilidade de aperfeiçoar a sua memória, ficará contente de saber que o capítulo seguinte vai lhe ensinar a se lembras de nomes e fisionomias.

Eis a resposta à questão dos "D" formulada no fim do capítulo anterior. Existem *nove* "D" na sentença de 4 linhas. Noventa por cento dos que fizeram o teste contaram cinco "D". Muitos olhos não percebem os "D" na preposição "de" — que são quatro. Mesmo que você dê a resposta correta (9), faça o teste com seus amigos; você ficará espantado ao perceber que muitos vêem apenas cinco "D". Você pode datilografar essas quatro linhas num cartão, exatamente como elas aparecem no livro, para que possa levá-lo consigo para todo lugar.

CAPÍTULO 16

Como se Lembrar de Nomes e Fisionomias

A memória, filha da atenção, é a fértil mãe do conhecimento.
MARTIN TUPPER

Nas minhas conferências e apresentações, eu me lembro dos nomes e fisionomias de todos os membros da platéia! Talvez você me tenha visto fazer isto recentemente no *show* de Jack Paar. (Oops! Isso faz tempo. Desde que escrevi este livro, já apareci em todos os programas da televisão norte-americana que foram transmitidos aqui e no exterior — 23 vezes no programa de Johnny Carson, na última contagem.) Cheguei a memorizar até setecentas pessoas numa só noite, depois de encontrá-las uma única vez! Menciono esse fato não para me gabar, mas para tentar provar a você que isso pode ser feito.

Hoje em dia, todos se queixam: "Não consigo me lembrar dos nomes das pessoas." Naturalmente, as fisionomias não representam problema algum; é sempre o nome que atrapalha. Eu nunca ouvi ninguém dizer: "Eu me lembro do seu nome, mas não consigo me lembrar da sua cara!"

Isso acontece por um motivo muito simples. Nós temos a tendência de nos lembrar muito melhor das coisas que *vemos* do que das coisas que *ouvimos*. Sempre vemos a fisionomia, mas em geral apenas ouvimos o nome — aí é que está o problema.

Muitos sistemas já foram inventados para ajudar as pessoas a se lembrar do nome. Um certo indivíduo, sempre que se encontrava com alguém cujo nome ele não conseguia lembrar, perguntava à pessoa se o nome dela se escrevia com "e" ou com "i". Isso funcionou perfeitamente até o dia em que ele fez a pergunta a uma tal sra. Betch!*

Não, infelizmente isso não basta. O melhor e, segundo me consta, o único meio de lembrar nomes é associar o nome à fisionomia da pessoa. Já que geralmente você "reconhece" uma fisionomia de algum modo, por que não tirar proveito disso e deixar que a fisionomia lhe faça lembrar do nome? Na verdade, o sistema que estou para descrever funciona de ambos os modos. A fisionomia fará recordar o nome, e o nome ajudará você a visualizar a fisionomia.

Como se lembrar do nome sem a fisionomia

Contudo, antes de explicar o próximo sistema, acho que mesmo sem ele posso melhorar já um pouco a sua memória para nomes.

Muitas pessoas se queixam de que esquecem os nomes, mas na realidade não os esquecem — elas não chegam a pôr os nomes na memória. Aliás, às vezes elas nem ouvem os nomes.

Pense um pouco nisso! Se muitas vezes você nem sequer *ouviu* um nome, como é que você vai se lembrar dele ou, mais ainda, esquecê-lo? A primeira regra para se lembrar de nomes é a seguinte: quando você for apresentado a alguém, faça questão de ouvir o nome da pessoa!

As pessoas ficam lisonjeadas quando você demonstra interesse pelo nome delas. Por isso, você não deve ter medo de pedir a alguém que repita um nome, caso você o tenha ouvido bem. As pessoas que têm fama de sempre se lembrarem dos nomes conquistaram essa fama por meio desta frasezinha: "Desculpe, mas não entendi o seu nome!"

Depois de ouvir perfeitamente o nome, repare se ele lhe é familiar, ou semelhante ao nome de um amigo ou parente, ou mesmo um nome

* O autor sugere um trocadilho fonético com a palavra *bitch* (cadela, prostituta). (N. T.)

que você jamais ouviu antes — e mencione esse fato para a pessoa. Como eu disse, as pessoas adoram que seus nomes sejam objeto de tanta atenção, e um ou dois comentários a respeito ajudarão a inculcá-los na sua memória.

E, se você fizer questão de *usar* o nome ocasionalmente durante a conversação, vai se surpreender com o quanto isso vai melhorar a sua memória. Não estou sugerindo que você fique repetindo o nome como um idiota, mas sim que o use de vez em quando e sobretudo quando disser: "Boa-noite" ou "Até logo".

Aos seguir essas poucas regras, o que acontece é que você se concentra no nome como jamais se concentrou antes. Ora, isso deve dar conta de... bem, de 25% do problema. Se você estiver interessado em solucionar os 75% restantes, continue a leitura.

Como eu já disse, o melhor meio de lembrar de nomes e fisionomias é associar o nome à fisionomia. O método é fácil e se divide em duas etapas. A primeira consiste em dar um *significado* ao nome; vamos, pois, discutir isso por um momento. Os nomes se dividem em três categorias diferentes: (1) nomes que já significam alguma coisa; (2) nomes que podem não ter nenhum significado, mas que fazem você se lembrar de algo palpável; e (3) nomes que não têm absolutamente nenhum significado.

É claro que os que apresentam menos problemas são os nomes que já significam alguma coisa, ou que fazem você se lembrar de alguma coisa. Vou lhe dar alguns exemplos de cada tipo e em seguida lhe mostrarei o que fazer com a terceira categoria. Nomes como Brown, Stern, Taylor, Green, Coyne, Carpenter, Sommer, Byrd, Butler e Locke já têm significado.

Dempsey, Sullivan, McCarthy, Fitch, Arcaro e nomes desse tipo não têm nenhum significado especial, mas certamente recordam você de alguma coisa, trazem uma certa imagem à mente. Sullivan e Dempsey provavelmente o farão pensar em lutadores de boxe. McCarthy pode lembrá-lo do boneco de um ventríloquo (Charlie McCarthy). Fitch é a marca de um xampu; Arcaro o fará imaginar um jóquei.

A lista de nomes que não têm nenhum significado é bem longa. Você os ouve todos os dias. Nomes como Krakauer, Karowski, Cortell,

Kolodny, Cohen, Platinger, Smolenski, Gordon e assim por diante, *ad infinitum.*

O sistema que chamo "substituição de palavras ou idéias" é o que lhe permite imaginar *qualquer* nome. Tudo o que você tem de fazer é inventar uma palavra ou frase que tenha a sonoridade muito semelhante à do nome de que se quer lembrar, e que tenha algum significado para você.

Por exemplo: o nome Steinwurtzel provavelmente o derrotaria em condições normais. Mas se você imaginar uma cerveja *stein* coberta de ouro para que valha a pena (*worth*) vendê-la (*selling*) — "*stein worth sell*" ajudaria você a pensar em Steinwurtzel!

Não existe nenhum nome — repito, nenhum nome — que não possa ser decomposto de alguma forma para que faça sentido ou seja palpável para você. Pouco importa que a palavra ou frase substituta seja boba ou absurda — aliás, em geral, quanto mais boba melhor.

Para um nome como Krakauer, você pode imaginar ou um relógio quebrado — *crack hour* — ou uma "vaca quebrada" — *crack ed cow*, que se aproxima bastante. Para Platinger, imagine um prato "ferido" — *plate injure* — Platinger. Uma pequena (*small*) lente (*lens*) de máquina fotográfica andando de *ski* lembra Smolenski.

Para um nome como Gordon, eu sempre imagino um jardim (*garden*). Aliás, depois de um pouco de prática você começará a usar certas imagens para determinados nomes o tempo todo. Por exemplo, eu sempre imagino um cone (*cone*) de sorvete para Cohen, ou um martelo de ferreiro ("black*smith*'s hammer") para Smith.

A propósito, não é necessário inserir *todos* os sons do nome na palavra ou frase que você escolheu para substituí-los. *Lembre-se do elemento principal, e os elementos secundários ficarão claros.* Este sistema serve apenas de subsídio para a verdadeira memória. Se o nome que você quer memorizar é Belden, a imagem de um sino (*bell*) bastará; sua verdadeira memória cuidará do resto. Naturalmente, um sino (*bell*) numa caverna (*den*) tornaria perfeita a memorização.

O importante é que para achar uma palavra substituta para um nome você *precisa* ouvi-lo em primeiro lugar. Com isso, você ficará automaticamente interessado pelo nome, e o interesse é fundamental para a memória.

Pois bem, eu acho que agora você já assimilou a idéia — contanto que você compreenda que pode-se fazer com que *qualquer* nome signifique algo. Como uma espécie de exemplo extremo, certa vez eu tive de me lembrar do nome Pukczyva. Pronuncia-se "puck-shiv-va". Imaginei então um disco de hóquei (*puck*) tremendo (*shivering*) de frio. Recentemente, conheci um tal sr. Bentavagnia. Pronuncia-se "bent-a-vay-nya". Imaginei alguém dobrando (*bending*) um cata-vento (*vane*).

Muitos nomes têm terminações semelhantes, tais como "ly, "ton", "berg", etc. Invente uma palavra para cada uma dessas terminações e use-a sempre. *Lea* significa prado; um haltere, ou qualquer peso, pode ser usado para representar *ton*; e *berg* quer dizer montanha em alemão, ou então visualize um *iceberg*.

No que diz respeito aos prefixos — para qualquer nome que comece com "Mc" ou "Mac", imagine um sanduíche do MacDonald's; para "Stein", uma caneca (*stein*) de cerveja; e para "Berg", um *iceberg* ou montanha. Para uma pessoa chamada Macatee, eu imaginaria um sanduíche do MacDonald's acompanhado de uma xícara de chá: *Mack tea* ("chá do MacDonald's) — Macatee. Para o nome Steinberg, você pode imaginar uma caneca de cerveja (*stein*) em cima de um *iceberg*.

Diga-se de passagem que tudo isso é uma coisa muito pessoal. A primeira idéia que me vem ao ouvir um nome pode ser diferente da que surge para você. E isso é absolutamente normal, mas geralmente a primeira coisa que nos vem à mente é a que devemos usar.

Antes de eu lhe mostrar como associar um nome com uma fisionomia, talvez você queira praticar um pouco. Por que você não vê o que pode fazer com os nomes a seguir? Vou lhe dar minha sugestões em seguida; antes, porém, veja o que consegue fazer sozinho.

Stapleton	Zimmerman
Brady	Kolodny
Welling	Citron
Jordan	Zauber
Schwartzberg	Robinson
Fishter	McGarrity
Cortell	Kusek

Carruthers

Aqui estão minhas primeiras idéias a respeito de cada um desses nomes:

Stapleton — Imagine uma grande quantidade de grampos (*staples*) que pesam uma tonelada (*ton*); ou que você está grampeando (*stapling*) um haltere (ou o que quer que esteja usando para representar tonelada) — "Staple ton" — Stapleton.

Brady — Você pode imaginar uma trança de cabelo (*braid*) ou imaginar-se trançando as linhas de uma gigantesca letra "E". "Braid E" — Brady.

Welling — Imagine um poço (*well*) cheio de tinta (*ink*) em vez de água. "Well ink" — Welling.

Jordan — Imagine um rio, o rio Jordão. Ou uma mandíbula (*jaw*) caindo (*falling down*). "Jaw down" — Jordon.

Schwartzberg — Imagine um *iceberg* coberto de verrugas (*warts*). "Warts berg" — Scwartzberg.

Fishter — Imagine-se pescando (*fishing*) e pegando um dedo do pé (*toe*); ou que você está cortando (*tearing*) um peixe (*fish*). "Fish tee", "fish tear" — Fishter.

Cortell — Um pedaço de corda (*cord*) está tagarelando ou contando (*tell*) algo. "Cord tell" — Cortell.

Zimmerman — Imagine um homem (*man*) sendo cozido ou fervido (*simmering*) numa grande panela — "Simmer man"— Zimmerman.

Kolodny — Imagine um joelho (*knee*) todo colorido (*colored*). "Colored knee" — Kolodny.

Citron — Imagine alguém sentado (*sitting*) e correndo (*running*) ao mesmo tempo. (Uma fruta cítrica também serve.) "Sit run" — Citron.

Zauber — Imagine-se serrando (*sawing*) um urso (*bear*) ao meio, ou que você está serrando alguma coisa completamente nu (*bare*). "Saw bear", "Saw bare" — Zauber.

Robinson — Imagine um tordo (*robin*) e seu filhote (*son*); ou que você está roubando (*robbing*) o seu próprio filho (*son*). "Robin son", "robbing son" — Robinson.

McGarrity — Um sanduíche do MacDonald's está carregando (*carrying*) uma xícara de chá (*tea*). "Mack carry tea" — McGarrity.

Kusek — Imagine um taco de bilhar (*cue stick*) doente (*sick*) "Cue sick" — Kusek.

Carruthers — Imagine um carro (*car*) com úberes (*udders*) como uma vaca — "Car udders" — Carruthers.

Como relacionar nome e fisionomia

Bem esse é o primeiro passo — dar sentido ao nome. Agora, vamos ao passo seguinte, que consiste em ligar o nome, ou as palavras que o substituem, à fisionomia. Você só precisa olhar para o rosto da pessoa e selecionar uma característica proeminente. Pode ser qualquer coisa — uma testa larga, uma testa estreita, um nariz grande, orelhas grandes, rugas, cicatrizes, lábios grossos, lábios finos, olhos apertados, covinhas, queixo amplo, queixo pequeno — qualquer coisa.

Mais uma vez, isso depende de cada indivíduo. Duas pessoas podem olhar para o mesmo rosto e selecionar duas características diferentes. Mas aquela que é proeminente para você agora será proeminente também no futuro, quando você olhar novamente para esse rosto. O mais importante é que, enquanto você procura essa característica, está formando em sua memória uma imagem do rosto inteiro, automaticamente.

Quando tiver concluído por uma determinada característica fisionômica, invente uma associação absurda entre essa característica e a(s) palavra(s) que substitui(em) o nome. É só isso!

As associações devem ser semelhantes às que você aprendeu a fazer com os objetos — pense e "veja" algo bem absurdo. Se você conhecer um tal de sr. Markel que tem sobrancelhas grandes e espessas, imagine-se marcando (*marking*) essas sobrancelhas com um grande "L". "Mark L" — Markel. Se você mentalizar essa imagem quando estiver olhando para o rosto da pessoa, as sobrancelhas o farão lembrar-se do nome quando você vir esse rosto de novo.

Não se esqueça de que tudo isso na verdade é um meio para um determinado fim. Quando o nome estiver indelevelmente gravado na sua memória, esqueça as associações já feitas. Além disso, este sistema funciona por obrigar você a se interessar, prestar atenção e concentrar-se no nome — e a se interessar, prestar atenção e concentrar-se na fisionomia. Se você pudesse fazer tudo isto sem o sistema, não *precisaria* dele.

O uso do sistema, contudo, facilita o processo, já que no fundo todos nós somos preguiçosos e não queremos nos concentrar. Em dois tempos, o uso do sistema se transformará num hábito e você o porá em prática quase automaticamente — isto é, bem entendido, se você começar a usá-lo desde já.

Mais alguns exemplos:

O sr. Galloway tem um vinco profundo no queixo. Imagine uma moça (*gal*) saindo ("going *away*") ou caindo ("falling *away*") desse vinco.

O sr. Van Nuys tem olhos arregalados. Imagine dois furgões (*vans*) que fazem muito barulho (*noise*) ao saírem rodando desses olhos.

O sr. Smith tem um nariz grande. Imagine esse nariz como um martelo de ferreiro ("black*smith*'s hammer"); ou você batendo no nariz dele com um martelo.

Evidentemente, a melhor maneira de aprender tudo isso é a prática em situações reais. Da próxima vez que você for apresentado a alguém, experimente o sistema — você ficará surpreso, eu lhe garanto. Não pense também que leva muito tempo para dominá-lo. Depois de um mínimo de prática você será capaz de descobrir uma palavra para substituir o nome (se necessário) e associá-la a uma característica fisionômica proeminente, tudo isso antes de dizer "como vai".

Se quiser, use uma revista ou um jornal para praticar. Recorte imagens de rostos e use-as como cartões de exercício. Invente vários nomes para cada rosto, ou use os nomes verdadeiros, e aplique o sistema. Embora as imagens gráficas sejam unidimensionais, elas também terão de provar a eficiência do sistema.

Bem, isso já é o bastante. Há muito mais coisas que eu poderia lhe ensinar sobre a memória, mas não o farei aqui. Eu só queria demonstrar que a organização da mente, junto com um pouco de imaginação e de concentração, poderiam e podem aperfeiçoar a sua memória.

CAPÍTULO 17

Como Fazer com que Todos Gostem de Você – o Segredo da Personalidade

A natureza nos brindou a todos com os fatores constituintes da personalidade; a organização desses fatores e sua incorporação numa vida pessoal eficiente é a responsabilidade fundamental de todo ser humano.

HARRY EMERSON FOSDICK

Outro dia eu estava conversando com um amigo e ele me falou sobre o apresentador de um programa assistido na noite anterior. "Ele é ótimo!", disse-me o amigo. Perguntei a ele se o tal apresentador sabia dançar. A resposta foi não. Ele sabia cantar, então? Não. Era bom comediante? Na verdade, não. Bem, por que ele era tão maravilhoso? "Ah, ele é um cara muito legal!"

Eis aí algo muito importante para todos: o dom de fazer com que as outras pessoas gostem de nós — mais na vida cotidiana do que na televisão, é claro. Macauley já dizia que "popularidade é poder"; e, se você é popular entre os seus amigos e conhecidos, é óbvio que eles gostam de você.

Seu jeito de olhar, de agir e de falar são as três coisas que "determinam" a sua personalidade. É o modo de pensar, porém, que controla os olhares, as ações e as palavras. Não me será fácil ensiná-lo a desenvolver uma boa personalidade; só posso lhe dar algumas dicas gerais sobre como fazer com que os outros gostem de você.

É preciso gostar dos outros primeiro

A melhor pedida, naturalmente, é interessar-se pelos interesses das outras pessoas. Não existe maneira melhor de conquistar a atenção e o interesse alheio. Conheço um homem que ganha a vida entrevistando celebridades para o jornal em que trabalha. Sua especialidade é extrair algo das pessoas que geralmente não gostam de conversar com repórteres. Seu segredo é simples. Antes de uma entrevista, ele se dedica firmemente a descobrir e definir os interesses do entrevistado.

Ele faz um estudo dessas coisas para demonstrar que tem, por elas, uma curiosidade e um interesse inteligentes. É espantoso como aqueles que costumam "fechar-se em copas" se abrem com ele. E não é má idéia você fazer a mesma coisa quando estiver conversando com alguém.

Todo mundo quer ser aceito, estimado e apreciado pelos outros. E aqueles que agem como se não quisessem ou não se importassem com a aceitação alheia são os que a desejam mais do que todos. Talvez eles olhem demais para si mesmos — e não encontram aí nada de muito bonito. Parece-me impossível que alguém possa estar interessado apenas em si mesmo e ser popular ao mesmo tempo. Charles H. Parkhurst disse o seguinte: "O homem que vive por si mesmo e para si mesmo tende a ser corrompido por más companhias."

Eu, particularmente, já iniciei muitas amizades duradouras pelo fato de demonstrar interesse (ainda que seja fingido, a princípio) pelos projetos, problemas, ambições e interesses gerais dos outros.

Você tem de aprender a gostar dos outros para que eles gostem de você. Experimente usar o sistema de "atitudes semelhantes". A maior parte das pessoas age com você da mesma maneira que você age para com elas. É bastante fácil provar essa afirmação. Se você fechar a cara para a próxima pessoa com quem conversar, é provável que ela imediatamente feche a cara para você. Quando conversar com amigos ou conhecidos, pense que você está olhando num espelho. Lembre-se disso, pois as atitudes de seus conhecidos geralmente refletem as suas próprias atitudes.

Conheço alguns misantropos que acham que o mundo, ou melhor, as pessoas que nele habitam, vão de mal a pior. Ninguém se importa com esses misantropos; e por isso eles não se importam com ninguém. É claro que eles são pessoas solitárias — insistem em construir barricadas em torno de si mesmas, em vez de construir pontes. As pontes se constroem quando se aprende a sorrir em vez de fechar a cara.

Quem já não ouviu dizer que é preciso mais força muscular para fazer cara feia do que para sorrir? Não sei se é verdade, mas por que não agir como se fosse? Facilite as coisas para você — sorria!

Para conquistar amigos, seja amigo

Se você está só, se não tem amigos — bem, *seja* amigo e você terá amigos. Esforce-se de vez em quando para ajudar alguém como você gostaria que um amigo o ajudasse. Lembre-se desta citação de G. Bailey: "Uma das belas compensações da vida é que ninguém pode sinceramente procurar ajudar outrem sem ajudar a si mesmo; ou esta outra de James Barrie: "Aqueles que levam alegria à vida dos outros enchem de alegria a própria vida." Lembre-se dessas frases e viva de acordo com elas — com isso, você será uma pessoa melhor e mais feliz.

Se você mesmo não é gentil e bondoso, não se queixe de que as pessoas não estão sendo gentis e bondosas. Eu acredito que toda bondade que você demonstrar lhe será devolvida algum dia, de alguma forma — se não pelas pessoas às quais você a demonstrou, então por outras. Mais cedo ou mais tarde tudo se equilibra. Você sabe, é como atirar pedaços de pão na água.

Walter S. Landor dizia que a "bondade em nós mesmos é o mel que abranda o ferrão da crueldade em outrem". A maior parte das pessoas estão procurando resolver os mesmos problemas que você; a vida delas é tão complicada quanto a sua, e a guerra de nervos que elas enfrentam não é menor. Lembre-se disso na próxima vez que estiver prestes a ser cruel e indelicado. De Grellet escreveu: "Passarei por este mundo uma única vez. Se, portanto, houver alguma bondade que eu possa demonstrar, ou alguma coisa boa que eu possa fazer, que eu a faça agora; que eu não a adie nem a omita, pois não passarei por aqui de novo."

Não aprovo aquelas ações ou atitudes que depois exigem pedido de desculpas, pedido esse que nem sempre ocorre. Refiro-me às pessoas que justificam sua crueldade ou grosseria com as seguintes frases: "Eu estava muito ocupado", ou "Eu não estava me sentindo bem", ou ainda "Eu estava de mau humor".

Eu estava no hospital visitando um amigo que tinha sofrido um ataque cardíaco. Ele queria dar um telefonema importante. Ele segurou o telefone fora do gancho por uns quatro ou cinco minutos, mas não obteve resposta da telefonista. Achando que ela não estava ouvindo o sinal, ou que talvez houvesse algum problema com o aparelho, ele clicou várias vezes o telefone.

De repente, ouviu a voz áspera da telefonista: "M –, o que você quer? Eu vou lhe dar uma linha quando eu bem entender!" O paciente ficou chocado e queixou-se amargamente. Fui até um telefone público fazer a ligação para ele. Algum tempo depois, o administrador do hospital entrou no quarto e disse ao meu amigo que a telefonista estava muito ocupada na ocasião.

Ora, é exatamente disso que estou falando. Sem dúvida, é de parecer que um homem que acaba de sofrer um enfarte e está no hospital por causa disso teria direito a um pouco mais de cortesia, ainda que a telefonista estivesse três vezes mais ocupada. E ela levaria menos tempo para dizer algo como "Sinto muito. Vou lhe dar uma linha assim que possível" do que para dar a resposta grosseira que deu. Tudo me indica, no fim, que essa telefonista é uma pessoa muitíssimo infeliz.

Sempre há tempo para a cortesia! Pare de usar a doença, os sofrimentos, as preocupações e os problemas como desculpas para não praticá-la. Da próxima vez que você estiver com dor de estômago e começar a falar grosso com alguém, lembre-se que talvez essa pessoa morra daí a pouco. O juiz Felix Frankfurter dizia que "a cortesia é o lubrificante da sociedade", e eu concordo totalmente.

Você gosta de ser estimado, não é? Então, demonstre aos outros a sua estima. A palavra mais bela que pode sair da boca humana não é usada com muita freqüência hoje em dia. É ela: "Obrigado." Se você passar a usá-la mais, passará a ouvi-la com mais freqüência.

Muito bem, estão você acha que o mundo está contra você. Você quer mudar a tudo e a todos — mas creia-me, você vai descobrir que o melhor meio de mudar seus amigos, conhecidos, marido ou mulher consiste em mudar a si mesmo. Segundo Thomas à Kempis: "Não fiques irritado por não conseguires fazer com que os outros sejam como gostarias que fossem, pois não consegues tornar-te tu mesmo (inteiramente) no que gostarias de ser."

Você é mais engraçado do que você pensa

Acho que o elemento mais essencial da boa personalidade é o bom humor. Aprenda a rir um pouco mais de si mesmo e da vida. Mais cedo ou mais tarde, você vai rir das pequenas contrariedades e frustrações que está enfrentando agora; então, por que não rir delas desde já? E lembre-se: o bom humor *não* consiste em rir de algo que está acontecendo a outra pessoa e que deixaria você zangado se acontecesse com você!

Não conheço antídoto melhor para o nervosismo ou para a tensão do que o bom humor. O problema é que aqueles que não têm esse valioso atributo não o conhecem. De acordo com Frank M. Colby, "os seres humanos se confessam traidores, assassinos e incendiários, e chegam mesmo a reconhecer que usam dentadura ou peruca. Mas quantos estão dispostos a admitir que são mal-humorados?" Bem, não sei se é uma questão de "admitir" isso; é antes uma questão de *saber* que se sofre de mau humor.

Pense nisso; examine a si mesmo. Pergunte-se se você não está se levando a sério demais. O fardo mais pesado que você pode carregar é aquela proverbial índole agressiva. Livre-se dela por meio do bom humor. Como em todos os outros assuntos discutidos neste livro, é a mente quem manda. Procure pensar um pouco menos no que está acontecendo com você, e um pouco mais naquilo que *você* faz; então, o lado engraçado das coisas vai se manifestar com mais clareza.

Harry Emerson Fosdick disse: "Reduza ao mínimo as coisas que o atormentam. A feiúra, a falta de habilidade, as restrições econômicas — essas coisas são limitações, mas se elas se tornam fator de humilhação é porque interiormente você as vê dessa maneira." As limitações podem ser superadas ou compensadas, mas as humilhações podem criar barreiras intransponíveis.

Só o bom humor impede o crescimento dessas barreiras. Você precisa olhar para certas coisas com indiferença. Encolha os ombros e siga em frente. Os versos que se seguem, escritos por Anthony Euwer e muitas vezes citados pelo presidente Woodrow Wilson, assinalam exatamente a atitude que tenho em mente:

> Em termos de beleza, não sou uma grande estrela.
> Há outras que são muito mais belas.
> Não faço caso, porém, do meu rosto
> Porque por trás dele me posto;
> Quem está em frente é que sente o desgaste.

> *As a beauty I'm not a great star.*
> *Others are handsomer far;*
> *But my face — I don't mind it*
> *Because I'm behind it;*
> *It's the folks out in front that I jar.*

Você fala demais ou de menos?

Todas as pessoas normais têm a capacidade de falar, e é principalmente pelo seu modo de falar que os outros conhecem a sua personalidade. Não estou me referindo à dicção, à gramática e ao tom de voz, embora essas coisas sejam importantes. Não; estou falando essencialmente do *conteúdo* do que você diz. Robert Louis Stevenson escreveu: "Falar é a atividade principal do ser humano neste mundo; e falar é, de longe, o mais acessível dos prazeres. A fala não custa nada em termos de dinheiro; é só lucro; aperfeiçoa a nossa educação, cria e favorece as nossas amizades e pode ser desfrutada em qualquer idade e em quase todos os estados de saúde."

Tudo isto é a pura verdade, mas há um outro ditado que diz: "A coisa que mais se abre na hora errada é a boca humana." Acho que a maioria das pessoas — com exceção dos críticos profissionais, naturalmente — estaria em muito melhor situação se seguisse este conselho: se você não puder dizer nada de bom ou de favorável, fique de boca fechada!

Na maioria das vezes, o único prejudicado pela crítica é o próprio crítico. Além disso, é mais fácil criticar do que ajudar — por isso a maioria critica. Você vai melhorar imediatamente a sua personalidade se parar de criticar.

Eis um outro método para melhorar a sua personalidade rapidamente: pare de falar tanto a respeito do seu assunto predileto — *você*. Se você conversar com os outros sobre eles e os assuntos deles, eles vão gostar de você. Montaigne expressou essa idéia lapidarmente: "Em resumo, um homem nunca fala de si mesmo sem perda; sempre se acredita nas acusações que faz a si mesmo; nunca nos elogios."

Você tem medo de falar com as pessoas? É do tipo que olha para o chão, para o alto ou para um ponto distante qualquer enquanto está conversando? O melhor ponto para se olhar quando se está conversando com alguém (exceto pelo telefone) é diretamente nos olhos da pessoa. Conheço um homem que tinha o hábito de fitar seus próprios olhos, num espelho, durante meia hora a cada dia. Em pouco tempo, ele se tornou capaz de olhar nos olhos dos outros enquanto conversava com eles.

Não estou querendo dizer que seja necessário chegar tão perto a ponto de respirar e lançar perdigotos no rosto das pessoas. Se você fixar demais o olhar nelas, certamente seus interlocutores ficarão incomodados.

Aprenda, também, a ouvir com atenção (mesmo que já tenha ouvido a mesma coisa antes), olhando nos olhos de quem fala. Se você ouvir bem, será elogiado por falar bem. E se você for um bom ouvinte, *de fato* será um bom falante.

Não tenha medo de falar. Erasmo disse que os seres humanos aprendem a falar falando. Mas chegue a um meio-termo e dê à outra pessoa uma oportunidade de falar também. A pior coisa que você pode fazer é mostrar-se entediado quando alguém está falando com você. Lembre-se disto: você nunca se entedia com os outros nem tampouco com coisa alguma — você se entedia apenas consigo mesmo.

Alguns outros pontos importantes: não insista sempre em ser tão sincero. Eu gostaria que as pessoas se dedicassem mais a ser bondosas do que ser excessivamente sinceras. William Blake expressou esse ponto da seguinte maneira: "Uma verdade dita com má intenção supera todas as mentiras que se possa inventar." O mexerico mal-intencionado, mesmo quando verdadeiro, não vai acrescentar nada de bom à sua personalidade.

Use de bom senso e discrição; há momentos em que a verdade exata é desnecessária. Certa vez, quando fui dar uma conferência, o mestre-de-cerimônias me apresentou de maneira muito estranha. O orador contratado ficou doente e me pediu que o substituísse de última hora. O mestre-de-cerimônias, então, disse algo mais ou menos assim: "Senhoras e senhores, lamento informar-lhes que o sr. ______ ficou doente. Por essa razão, infelizmente, em vez do sr. _____, quero apresentar o sr. Harry Lorayne." (Isto aconteceu há trinta anos; eu não faço mais "substituições!")

É claro que ele não tinha intenção de dizer o que de fato disse (pelo menos espero que não), mas teria sido melhor se ele tivesse simplesmente me apresentado. Não há nenhuma necessidade de ser absolutamente franco numa ocasião como essa.

Outro eterno chato é o tipo que se considera o centro da festa, mas *não* é. Também nesse caso, é importante "conhecer-se a si mesmo". Há pessoas que arrancam gritos de admiração quando desfilam por aí com um abajur na cabeça; outros provocam bocejos e olhares aborrecidos. Certifique-se de que você não faz parte dessa última categoria antes de começar a fazer papel de bobo.

A coisa mais fácil do mundo é aconselhar outra pessoa; a mais difícil é não fazê-lo. Mesmo quando os amigos lhe pedem um conselho, eles geralmente querem que você lhes diga exatamente aquilo que eles já tomaram a decisão de fazer. Se você se sentir no dever de dar um conselho, diga às pessoas que façam aquilo que querem fazer; caso contrário, não dê conselho algum. Penso que o conselho é o único bem que é melhor receber do que dar.

E não tenha medo de dizer "eu não sei". Nunca consegui entender as pessoas que dão informações na rua quando, na verdade, elas próprias não sabem onde é o lugar que você perguntou. Por alguma razão, as pessoas têm vergonha de admitir que não sabem informar sobre o que lhes foi perguntado. Muitas vezes, quando peço uma informação na rua, eu acabo perdido, do outro lado da cidade. Portanto, lembre-se — se você não sabe algo, diga que não sabe.

Outra razão pela qual algumas pessoas são objeto de desprezo alheio é que elas gostam de dar ordens aos outros. Introduza seus pedidos com expressões do tipo: "Será que você..." ou "Como *você* acha que isso deve ser feito?"; então, você não terá nenhum problema desse tipo. É claro que a melhor maneira de levar alguém a fazer algo é encontrar um jeito de convencê-la a *querer* fazê-lo. Se você o persuadir de que só está fazendo aquilo para o bem *dele*, a tarefa será realizada.

As afirmações peremptórias, a menos que você esteja absolutamente certo do que diz, também podem lhe criar dificuldades. Mais uma vez, o hábito de começar a frase com "Eu acredito...", ou "Parece que...", ou ainda "Você não acha que...", pode evitar muito vexame mais tarde. Ainda que você saiba que está certo, suavize sua declaração com uma dessas expressões. Acho que foi Samuel Butler quem disse: "Não há erro tão grande quanto o de estar sempre certo."

Você será adorado pelas pessoas se cultivar o hábito de cumprimentá-las com um "veja só, aí está você" em vez de um "olha eu aqui!" Se tiver de pedir informações, o melhor é pedir algo que você tenha certeza de que elas possam dar. As pessoas não gostam de dizer "não sei" (como eu disse alguns parágrafos atrás), e ficarão muito gratas se você *não* forçá-las a isso.

Tudo se resume em tentar fazer seus os interesses dos outros. Se você compreender que eles têm tanto desejo de vencer quanto você, jamais será um mau perdedor. Conheço, gente que fica arrasada e horrivelmente mau-humorada quando perde um joguinho de damas! Ora, os maus perdedores são pessoas egoístas, e é assim que eles o demonstram.

Fique feliz pelo vencedor. Que diabo, logo chegará o seu dia e você há de querer que o perdedor fique contente com a sua vitória. Ninguém gosta muito de um mau perdedor ou de quem vive reclamando. Procure elogiar seu rival e você será respeitado por isso. Se você o criticar, ninguém lhe dará crédito. Mark Twain dizia: "A boa educação consiste em ocultar o bom conceito que fazemos de nós mesmos e o mau conceito que fazemos dos outros." (Alguém já afirmou: "Toda vez que um amigo vai bem, eu morro um pouco." A chave está em esconder esses sentimentos.)

Estar bem informado ajuda

Sua personalidade global é direcionada e moldada pelos seus conhecimentos gerais, pela sua percepção do mundo que o cerca. Você é uma pessoa prática? É capaz de entender as coisas de maneira lógica? Pelo menos metade das suas leituras são de livros de não-ficção? Você dedica *conscientemente* algum tempo para ouvir boa música de vez em quando, ou para assistir palestras proveitosas? Você tem pelo menos um mínimo conhecimento de arte? A resposta a estas questões terá de ser "sim" se você quiser ter uma personalidade bem-desenvolvida.

É evidente que todos nós temos habilidades específicas e campos particulares de conhecimento. Contudo, você não pode conversar o tempo todo sobre essas habilidades ou permanecer sempre na companhia de outras pessoas que estão familiarizadas com o mesmo campo de conhecimento. Por isso, procure ampliar sua esfera. Não há motivo para ficar fora de uma conversa porque você não sabe absolutamente nada sobre o assunto que está sendo discutido.

Será que você consegue responder a maior parte das perguntas abaixo? Experimente.

1. Que time de futebol ganhou o Campeonato Brasileiro em 1996? e em 1995?
2. Quem era o primeiro-ministro da União Soviética antes de Gorbachev?
3. Uma mulher entra no açougue. Vê uma moeda de 25 *cents* no balcão e a enfia sorrateiramente na bolsa. Depois, compra um pedaço de carne que custa 19 *cents.* Dá ao açougueiro seu próprio quarto de dólar. Ele lhe devolve 6 *cents* de troco e lhe dá a carne. Quando a mulher sai do açougue, sente remorso e volta para desfazer seu pequeno furto. Quanto dinheiro ela devolve ao açougueiro?
4. Quem foram as duas atrizes que estrelaram o filme *O Quatrilho?*
5. *Os Sertões* é um livro de ficção ou não-ficção?
6. Quem compôs *Rhapsody in Blue*?
7. Você é capaz de citar pelo menos dois Estados que fazem fronteira com o Tocantins?
8. "Abiu" é o nome de um barco, de um jogo, de uma peça de carro ou de uma fruta?
9. Suponha que o número de pulgas dentro de um jarro dobre a cada segundo. Começando com 2, você terá 4 em um segundo, 8 no segundo seguinte, 16 no terceiro e assim por diante. O jarro fica exatamente cheio pela metade em 51 segundos. Em quantos segundos estará ele completamente cheio?
10. É possível saber se uma pessoa é honesta, ou não, pelo formato do lóbulo da orelha. Verdadeira ou falsa?
11. Quem concorreu com Jânio Quadros à presidência?
12. Uma vez que um nome comercial se torna famoso ou conhecido, a empresa não precisa mais fazer publicidade. Verdadeira ou falsa?
13. "Orégano" é uma ópera, um Estado dos E.U.A. ou uma erva?

14. Quem são, em média, os mais cuidadosos: os trabalhadores lentos ou os rápidos?
15. Qual o nome dado ao homem que monta a cavalo e carrega uma lança numa tourada? Matador, toreador, banderillo ou picador?
16. O ferro tem mais tendência a rachar do que o aço?
17. Você consegue se lembrar dos nomes de presidentes do Brasil que começam pelas letras C, R, W, J, H, V, E?
18. Quem pintou "Abapuru"?
19. Quem escreveu *Crime e Castigo* e *Os Irmãos Karamazov*?
20. Qual a melhor mão de pôquer; um "straight flush" (uma seqüência de cinco cartas do mesmo naipe) ou um "full house" (uma trinca e um par)?
21. Qual é a capital de Roraima? Porto Velho, Boa Vista, Rio Branco ou Sarney?

A maior parte das perguntas são de conhecimentos gerais; outras são de raciocínio lógico, ou o que poderia chamar de mente prática. Como você acha que se saiu? Se não tiver certeza, aqui estão as respostas:

1. Grêmio; Botafogo.
2. Yuri Andropov.
3. Exatamente o que ela furtou — 25 *cents.*
4. Patrícia Pillar e Glória Pires.
5. Não-ficção.
6. George Gershwin.
7. Bahia, Goiás, Piauí, Maranhão, Pará, Mato Grosso.
8. Uma fruta.
9. Mais um segundo; 52 segundos ao todo.
10. Falsa.
11. Teixeira Lott.
12. Falsa.
13. Uma erva.
14. Os trabalhadores rápidos.
15. Picador.

16. Sim.
17. Castelo Branco, Rodrigues Alves, Washington Luís, Jânio Quadros, Hermes da Fonseca, Venceslau Brás, Ernesto Geisel.
18. Tarsila do Amaral.
19. Fiodor Dostoiévski.
20. Um "straight flush".
21. Boa Vista.

Se você deu seis ou mais respostas erradas, sugiro que você leia um pouco mais ou discuta mais sobre assuntos variados.

Sob o aspecto mais geral, a personalidade consiste em conviver bem com os outros. Já li várias vezes que a maioria das pessoas que não conseguem se manter no emprego por muito tempo geralmente se demitem ou são demitidas porque não conseguem se dar bem com os outros funcionários, não porque não foram capazes de dar conta da parte técnica do trabalho.

Só me resta encerrar este tema com a seguinte citação de Daniel Frohman: "Parte do segredo da boa convivência é demonstrar respeito pelas opiniões alheias; a outra é ter tolerância e maleabilidade nas próprias opiniões."

CAPÍTULO 18

Como Falar Bem em Público – Sem Medo

O orador nervoso foi apresentado depois do jantar. Ele se aproximou do microfone e começou, hesitante: "Meus a-a-amigos, quando eu cheguei a-aqui esta noite, só Deus e eu sabíamos o que eu ia dizer. Agora, só Deus sabe!"

Pediram-me que eu incluísse neste livro algumas dicas de como falar em público. De fato, esse parece ser mais um aspecto da personalidade. Assim, se um dia você tiver de ficar em pé diante de um grupo para falar, talvez você ache este capítulo interessante.

Quanto ao nervosismo, não posso ajudá-lo em quase nada — exceto, quem sabe, para lembrar-lhe que provavelmente não lhe teriam pedido para falar se não achassem que você conhecia o assunto. Ponha na cabeça o seguinte: se alguém na platéia conhecesse melhor o assunto, é ele que estaria na tribuna, e você estaria no meio da platéia.

De fato, se você tiver de falar sobre algo que conhece muito pouco, será muito natural que fique nervoso. Não deixe que o ponham nessa condição, e você não terá nada com que se inquietar.

Você vai achar que eu estou me repetindo, mas devo afirmar mais uma vez que, se você não estiver pensando demais em si mesmo — que efeito *você* causará, se a platéia vai gostar de *você*, e assim por diante —, será difícil ficar nervoso. Não se leve demasiado a sério, e você se sairá bem. Na maior parte dos casos, seu discurso será ouvido, as pessoas farão comentários do tipo "ele está certo" ou "acho que ele está errado" e ponto final. Muita gente insiste em exagerar a importância de coisas a que os outros não dão tanta atenção.

Por quanto tempo devo falar?

Na minha opinião, o aspecto mais importante de um discurso é o tempo. Se existe algo que *deve* deixar você nervoso, é a possibilidade de chatear a platéia; e o caminho mais curto para tanto é falar *demais*. Já ouvi muitos discursos na minha vida — discursos em eventos empresariais, jantares de honra, em manifestações públicas, em campanhas beneficentes e de arrecadação de fundos — e 70% deles foram compridos demais.

Os maiores transgressores, a meu ver, são as pessoas que apresentam os oradores. Quase sempre a apresentação é mais longa do que o discurso do orador principal. Se o orador for uma personalidade importante e bem conhecida de todos os presentes, basta uma pequena apresentação. Às vezes, é suficiente dizer o nome dele ou dela.

Talvez um detalhe biográfico do orador seja apropriado — *desde que* ele o tenha autorizado a usá-lo. Se o orador não for muito conhecido, anuncie suas qualificações de forma rápida e sucinta e deixe o resto por conta dele. Não fique hipnotizado pelo som da sua própria voz!

A coisa mais difícil quando se faz um discurso é encerrá-lo. Se você não aprender a encerrar o discurso, perderá a platéia. Em muitas solenidades, os oradores dispõem de uma quantidade determinada de tempo, que não devem exceder. Eles sabem disso de antemão, e no entanto muitos deles, entusiasmados, ultrapassam seu limite de tempo. Eles acham que o que têm a dizer é tão importante, e que o dizem tão bem, que ninguém vai brigar se eles infringirem a regra. Se acham que uma platéia que olha unânime para o relógio a cada minuto é uma platéia atenta ou contente, estão enganados.

Fique em pé — fale em alto e bom som — e cale-se! Essa é a regra a seguir. Levante-se, passe a sua mensagem com todo o entusiasmo e, depois, sente-se. Talvez o melhor seja adotar o sistema usado por uma tribo africana. Nas reuniões tribais, os oradores se apóiam numa perna só durante todo o seu discurso. No momento em que a outra perna tocar o solo, o orador tem de parar; no meio de uma frase, se necessário (senão, ele é varado de lanças!).

Will Rogers foi, certa vez, mestre-de-cerimônias num banquete no qual cada orador podia falar por dez minutos. Um deles fez um discurso arrastado e enfadonho que durou mais de uma hora. No final dessa maratona, ele pediu desculpas a Will dizendo que havia esquecido o relógio em casa. Rogers respondeu num aparte audível: "Tem um *calendário* bem atrás de você."

Como preparar e pronunciar um discurso

Quanto ao discurso em si, sugiro que você jamais procure memorizá-lo palavra por palavra. O esquecimento de uma única palavra o faria começar a hesitar. Mesmo que você não esquecesse nada, o discurso *pareceria* decorado, o que tende a indispor a platéia.

Outra coisa que pode desviar a atenção da platéia é a leitura do discurso. Você poderia muito bem, nesse caso, tirar xerox dele e distribuí-lo para que as pessoas o lessem quando quisessem. Isso pouparia muito tempo. Ademais, existe a possibilidade de você se perder na leitura, e aí então é que você estaria em apuros.

Isso parece excluir tudo menos o discurso feito totalmente de improviso, não é? Não. Poucos discursos são totalmente improvisados ou "espontâneos". Todo orador tem em mente alguns tópicos que ele quer passar para o público. Se não fizer nenhuma preparação, muitos desses tópicos poderão ser esquecidos.

Na minha opinião, a melhor maneira de preparar um discurso é planejá-lo idéia por idéia. Relacione num pedaço de papel e em seqüência as idéias que você gostaria de comunicar, e faça delas suas anotações para o discurso inteiro. Destarte, você não estará decorando palavra por palavra, mas também não estará falando de improviso.

Você sabe o que quer dizer com relação a cada idéia, senão não a estaria apresentando. Quando estiver discursando, bastará olhar de relance para as anotações toda vez que estiver terminando de falar a respeito de um tópico. Passe então para o tópico seguinte e prossiga assim até a conclusão do discurso. Se há algo que, isto sim, tem de preparar, ou pelo menos ter claramente delineado na mente, é a conclusão. Lembre-se — você tem de chegar a um ponto final, senão continuará indefinidamente.

A conclusão do discurso provavelmente é a parte mais importante, a parte mais lembrada pela platéia, e isso pela simples razão de que é a última coisa que eles vão ouvir dizer. Se você tiver uma boa história que sublinhe e ilustre a conclusão, ótimo. Se não, guarde sua idéia mais importante para o fim e transmita-a com uma linguagem eloqüente. Deixe claro que você terminou.

Sempre achei que um discurso, seja ele formal ou informal, deve ser divertido. Porém, isso não quer dizer que você tenha de virar um comediante. Se você não sabe contar piadas ou anedotas, não as conte! Mas se puder, acrescente um toque de humor ao seu discurso. Se a platéia sorrir ou rir de vez em quando, os ouvintes ficarão mais interessados nas partes sérias do discurso.

Como se comportar em qualquer tribuna

Além do conteúdo do discurso propriamente dito, a coisa mais importante é você — o modo pelo qual se expressa e a impressão que causa na platéia. Quanto a isso, só tenho um conselho a lhe dar: seja tão natural quanto possível. Não fique parado na tribuna. Movimente-se e gesticule de vez em quando, de modo que a platéia possa movimentar os olhos.

Procure não falar num tom monótono e invariável. Ponha ênfase em certas palavras. Se você não der aos ouvintes uma chance de mover os olhos, de sorrir ou de rir de vez em quando, se não brindar-lhes com uma diferente variação de som, eles vão compensar essa falta mexendo-se impacientes nas poltronas, tossindo, conversando e, no fim, perdendo o interesse.

Não fique preocupado demais com o fato de ficar nervoso *antes* do discurso. Quase todos os artistas e oradores experientes sofrem com esse problema. Haveria algo errado se você *não ficasse* um pouco nervoso e tenso antes de enfrentar uma platéia. Quando você estiver em ação, o nervosismo desaparecerá.

Muitos oradores têm o hábito de fixar o olhar em uma pessoa por vez e imaginar que estão falando só com ela. Essa idéia não é nada má, visto que ela impede você de olhar para cima da cabeça dos ouvintes ou de fixar constantemente os olhos nas suas anotações. Aliás, se você quiser eliminar completamente as anotações, eu já lhe mostrei como fazê-lo — como memorizar em seqüência as idéias sobre as quais vai falar — no capítulo sobre a memória (Capítulo 15).

Portanto, encurte seu discurso e limite-se ao assunto; procure introduzir nele um toque de humor e chegue a uma conclusão precisa. Não seja monótono. Fale com conhecimento de causa e olhe para a platéia. Se tiver de tomar fôlego, tome-o. Não há necessidade de lançar-se adiante num avanço esbaforido. Na verdade, uma pausa (significativa) no momento apropriado é muito eficaz.

Existem ainda outros pontos que podem parecer óbvios, mas é espantoso como muitos oradores se esquecem deles. Não use palavras compridas e complicadas quando lhe bastam as simples e curtas. Tome cuidado com o uso de termos ou expressões técnicas, a menos que esteja falando para companheiros de ramo ou de profissão que são capazes de compreender esses termos. Se você tiver de usá-los ao falar para um público menos específico, defina-os para que os ouvintes possam acompanhar você.

É importante entender que a melhor maneira de comunicar uma idéia é recorrer ao conhecimento e experiência da platéia, mais do que aos seus próprios. O uso de uma analogia derivada do seu campo específico de conhecimento deixará os ouvintes confusos. Eles ainda estarão tentando decifrá-la quando deveriam estar prestando atenção na idéia seguinte. Isso, aliás, também vale quando você estiver conversando com uma ou duas pessoas somente.

Você *é capaz* de se levantar e falar diante de uma platéia — apesar de todas as objeções que vai formular como estas: "Sou tímido demais", "Nunca fiz isso antes", "Não me expresso bem", "Tenho medo de parecer bobo", e assim por diante.

Bem, lembre-se — se você esperar até que todas as objeções desapareçam, jamais fará coisa alguma. Thomas Bailey Aldrich disse: "Só fracassa quem nunca tentou." Certamente você poderá fracassar como orador público; mas se não tentar, você jamais saberá. O motivo por que as pessoas não tentam fazer coisas novas é o medo do fracasso, mas não se pode passar pela vida sem deparar com coisas novas vez por outra. É óbvio que se você nunca fizer um esforço, nunca vai fracassar — mas, sem dúvida nenhuma, vai estagnar no ponto em que está.

Por isso, se tiver de fazer um discurso, não se preocupe demais com ele. Siga as sugestões dadas neste capítulo e dê o melhor de si. Seu segundo discurso será melhor do que o primeiro, e o terceiro será melhor do que o segundo. Você só vai melhorar se continuar tentando.

Os versos abaixo, do poeta dr. Leifchild, talvez sejam um bom modelo a seguir ao se pronunciar a maioria dos discursos:

Comece baixo, fale devagar;
Inflame-se, alteie a voz;
No auge da comoção,
controle a emoção;
No fim, mostre-se cordial
e sente-se, em meio ao turbilhão.

Begin low, speak slow;
Take fire, rise higher;
When most impressed,
Be self-possessed;
At the end wax warm;
And sit down in a storm.

CAPÍTULO 19

O Controle da Preocupação, Segredo da Paz de Espírito

Construa para si mesmo uma caixa-forte,
Molde cada parte com cuidado;
Quando ela estiver tão forte quanto possível,
Ponha todos os seus problemas ali;
Esconda nela toda lembrança dos seus fracassos,
E todo cálice de amargura que beber;
Tranque todas as suas mágoas dentro dela,
*Depois sente-se sobre a tampa e ria.**

BERTHA ADAMS BACKUS

Não seria maravilhoso se cada um de nós pudesse construir para si mesmo uma caixa-forte assim — um lugar para esquecer nossas preo-

---

* *Build for yourself a strongbox,*
Fashion each part with care;
When it's strong as your hand can make it,
Put all your troubles there;
Hide there all thought of your failures,
And each bitter cup that you quaff;
Lock all your heartaches within it,
Then sit on the lid and laugh.

cupações, medos, fracassos e decepções? Mas, por outro lado, isso não faria de nós seres completamente irresponsáveis? Seria muito bom ter a "cuca fresca" e não se incomodar com coisa alguma, ou não ter medo de nada — mas isso é passar para o outro extremo, você não acha?

O *stress* e a tensão do modo de vida atual são causas quase inevitáveis de algumas dúvidas, medos e preocupações. O dr. Theodore Van Dellen escreveu que "a pessoa que tem medo do ritmo da vida moderna será forçado a escolher entre o *stress* e a estagnação".

Sou de opinião de que, nesse ponto como em relação a tudo o mais, temos de alcançar um meio-termo. A preocupação foi definida como o principal fator mental da inação. Ela é essencialmente *uma reação de medo a um acontecimento futuro que talvez nunca se concretize.* É claro que, se você se mantiver ocupado física e mentalmente, não terá muito tempo para se preocupar. Contudo, já que a maioria das pessoas se preocupa de fato, vou dedicar algum espaço ao problema.

Pagar os juros do problema antes de adquirir a dívida

Sei que pedir que você não se preocupe é quase a mesma coisa que aconselhá-lo a não respirar. Posso, no entanto, procurar mostrar-lhe por que, na maioria dos casos, suas preocupações são um tremendo desperdício de energia. Elas não lhe fazem absolutamente nenhum bem e podem, isto sim, fazer-lhe muito mal.

A preocupação é um caso típico de imaginação dissipada ou não criativa. Em vez de usar a imaginação para criar novas idéias ou para se aperfeiçoar, você a usa sem nenhuma finalidade. W. R. Inge disse que a preocupação são juros pagos pelo problema antes de adquirir a dívida.

Haverá tempo suficiente para atormentar-se quando o problema antevisto realmente acontecer — por que se preocupar com ele agora? Você não compreende que a maior parte das coisas que o preocupam nunca acontecem de fato?

Prove isso para si mesmo! Por que você não se senta agora mesmo e enumera numa lista todas as coisas que o preocupavam, digamos, há exatamente um ano? Tenho certeza de que você não se lembrará de muitas, se é que se lembrará de alguma. Aproveitando que está com lápis e papel na mão, relacione as coisas que o preocupam neste exato momento. Ponha a lista numa gaveta e dê uma olhada nela daqui a alguns meses ou daqui a um ano. Também nesse caso, você vai constatar que a maior parte das coisas que você temia não aconteceram; ou se aconteceram, não foram tão ruins como você achava que seriam.

Se você puser na cabeça agora mesmo que a maioria das coisas que o preocupavam não vão acontecer de fato, e que a preocupação em si é mais penosa e angustiante do que o acontecimento que o deixa preocupado, você estará tão próximo de uma existência despreocupada quanto é possível hoje em dia.

Você precisa ser forte para reconhecer que é impossível viver sem algum sofrimento, fracasso, decepção ou frustração. Mas por que não admitir esse fato desde já, se você sabe que ele é um fato? Schopenhauer escreveu que "uma certa porção de pena, sofrimento ou dificuldade é *necessária* para todo ser humano, em todas as épocas. Um navio sem lastro é instável e não navega em linha reta".

O que se deve fazer é aprender a aceitar os aborrecimentos desse tipo. Eles são mesmo inevitáveis; então, o que você tem a perder? Conheço gente que se habituou a abraçar e acolher a frustração ou o fracasso como um desafio — essa atitude lhe dá "energia" para superá-los e alcançar o sucesso.

Pare de se atormentar com as coisas que vão acontecer inevitavelmente. Seja sincero: quando está nevando, não há muito o que fazer a respeito — a não ser usar botas. E não há muito o que fazer com relação a um dente que tem de cair — a não ser mandar arrancá-lo.

Anos atrás, eu disse para mim mesmo que não tinha tempo para me preocupar. Hoje, quando tenho uma dor de dente, não fico mais me preocupando com ela até não conseguir mais suportá-la, como eu costumava fazer. Na primeira pontada, já estou a caminho do dentista. Não faz sentido adiar o inevitável; mais cedo ou mais tarde, você terá de ir — por isso eu vou desde logo e evito muito medo e ansiedade.

Pense no pior e esteja preparado para enfrentar o que vier

Outro truque que uso para evitar a preocupação é este: sempre que surge alguma coisa que possa me causar problemas, imediatamente penso no *pior* que pode acontecer. Depois de antever isso, preparo-me de acordo com as circunstâncias e esqueço o assunto.

Se um investimento ameaça se transformar em perda, ponho na cabeça a idéia de que vou perder *todo* o investimento. É claro que farei o possível e o impossível para salvar o que puder, mas se a perda *for* total... bem, eu já esperava por isso, e é assim que as coisas são. Se o investimento acabar dando certo, ou se a perda não for tão grande (como geralmente acontece), eu terei uma surpresa agradável e não terei perdido o meu tempo me preocupando com isso.

Assim, em vez de esquentar a cabeça, por assim dizer, pense: seja qual for a preocupação, *o que é o pior que lhe pode acontecer*? Se o pior não for a morte nem o fim do mundo, prepare-se da melhor forma possível — e depois esqueça o assunto!

Se o pior *for* a morte ou o fim do mundo, você na verdade não tem nada com que se preocupar!

Conheço um camarada que vivia terrivelmente preocupado com uma coisa: ele sempre viajava a negócios e sabia de várias pessoas que tinham sofrido crises de apendicite nessas viagens!

Essa idéia o atormentava. Ele não conseguia deixar de se preocupar com os negócios que perderia se isso acontecesse com ele. Além do mais, já que não estaria próximo do seu médico particular, a idéia de ser operado por um médico desconhecido o inquietava tremendamente.

Então ele pensou: o pior que pode me acontecer é estar longe de casa num período muito atarefado e sofrer uma crise de apendicite. Assim, durante um período de baixa atividade comercial, ele foi até o seu médico particular e teve o apêndice removido! Ora, com *isso* ele não se preocupava mais!

Sei que ele adotou uma solução extrema. Contudo, esse exemplo ilustra a minha idéia de que temos de pensar no pior e nos preparar para ele.

É preciso que haja algumas frustrações para que, como diz Shakespeare, "uma vitória muito fácil não banalize o prêmio". Quando a frustração se apresentar, compreenda que ela é parte necessária da vida e ela não o incomodará tanto quanto ela o incomoda agora. Segundo o *Saturday Evening Post*, William G. Milnes Jr. disse que "você está no caminho do sucesso quando compreende que o fracasso não passa de um desvio de rota".

Uso esta citação para sublinhar mais uma vez, como sublinhei em outra parte do livro, que muitos se preocupam demais com o fracasso e, assim fazendo, nunca se esforçam de fato para alcançar o sucesso. A preocupação com o fracasso, quando o impede de tentar, é coisa mais estúpida que eu consigo imaginar. Se ela motiva você a procurar evitar o fracasso, ótimo. Mas, repito, não desperdice tempo demais preocupando-se com ela. Vá em frente e comece — uma vez que começar, você saberá automaticamente como lidar com quaisquer frustraçõezinhas que surgirem.

Sidney Smith dizia: "Muitos talentos se perdem no mundo por falta de um pouco de coragem. Todos os dias mandamos para o túmulo homens obscuros e apagados que a timidez impediu de fazer um primeiro esforço; homens que, se pudessem ter sido induzidos a começar, teriam provavelmente ido muito longe."

Acho que essa frase resume tudo. "Eu não consigo" ou "Tenho medo de falhar" nunca vão tirar você do chão. "Vou fazer uma tentativa" pode colocar você em órbita! Será que me fiz entender? A preocupação com um possível fracasso não pode evitar o fracasso. Se você não conseguir deixar de se preocupar, faça com que a sua preocupação seja o ponto de partida para a ação. Prepare-se ou faça planos para o que você tem medo que possa acontecer; então, você não vai mais precisar se preocupar com isso.

Sou um firme adepto da preparação para o inesperado. Sei que um pequeno esforço adicional da minha parte pode, às vezes, evitar meses de preocupação desnecessária. Não faz sentido ser pessimista; mas a "tolice otimista" pode ser igualmente ruim. O melhor é ter uma atitude realista e se conformar com o fato de que nem sempre as coisas acontecem como se planejou. (Justamente quando você faz seus planos, *a vida* acontece!)

Como lidar com as preocupações cotidianas

Muita gente que não tem grandes problemas passa horas e horas preocupando-se com pequenas coisas. Portanto, solucione esses dilemas secundários e pare de se preocupar com eles.

Se você tem de sair para um encontro marcado, saia mais cedo — por que se preocupar com um possível atraso?

Se você está indo de carro para uma área desconhecida, consiga um mapa ou boas instruções — por que se preocupar com a possibilidade de ficar perdido?

Se um dos pneus de seu carro estiver quase careca, providencie um novo (você vai precisar de um novo de qualquer jeito) — por que se preocupar com a possibilidade de um pneu furar?

Se você não tem certeza de que seus dentes estão em boa condição, vá agora mesmo ao dentista — por que se preocupar com a possibilidade de ter uma dor de dentes?

Se essas coisinhas não preocupam você, ótimo. Mas, segundo Dan Bennett, "o homem só adquire a verdadeira sabedoria quando passa a pensar na indigestão antes de comer, e não depois".

O hábito de preparar-se para o inesperado (sem chegar aos extremos) pode ser muito útil para eliminar pequenas (e às vezes grandes) preocupações. Muitos anos atrás, nas minhas conferências, eu usava dois quadros-negros especialmente construídos e duas armações. Eles ficavam guardados em caixas especialmente construídas, no porta-malas do meu carro. Eu me preocupava com o que aconteceria se eu por acaso perdesse esses objetos; se o carro fosse roubado ou se os quadros-negros ou as armações se quebrassem. Livrei-me dessa preocupação muito facilmente. Mandei fazer outro conjunto de quadros-negros e armações, que eu deixei guardados em casa. Não precisei usá-los ainda — mas também não me preocupo mais com eles! (Há mais de 25 anos que eu não carrego mais comigo os quadros-negros. Minhas palestras — e demonstrações — estão na minha mente e na minha pasta de documentos.)

Portanto, talvez você não consiga evitar uma ou outra preocupação secundária de vez em quando, mas ponha um ponto final no costume que elas têm de persistir, crescer e envenenar o espírito.

Quando se trata de preocupações importantes — problemas de família, dificuldades financeiras, coisas dessa natureza –, muitas das regras aqui expressas ainda são válidas. Evidentemente, se a preocupação tem como objeto alguma coisa que não pode ser erradicada ou curada, só posso lhe sugerir que pare de dar murro em ponta de faca. Perceba, admita que a situação é inevitável e siga em frente da melhor maneira possível. Um velho provérbio chinês diz: "Não se pode impedir que os pássaros da aflição voem por sobre a sua cabeça, mas se pode impedi-los de construir ninhos nos seus cabelos."

Por outro lado, se você estiver muito preocupado com algo que *tem* uma possível solução, o melhor conselho que lhe posso dar é o mesmo que foi dado pelo dr. George Stevenson num maravilhoso ensaiozinho chamado *Como Lidar com as suas Tensões.* Eis uma parte do que ele disse: "Quando alguma coisa preocupa você, desabafe. Não a reprima. Confidencie sua preocupação a uma pessoa sensata e da sua confiança: seu marido ou mulher, pai ou mãe, um bom amigo ou amiga, seu padre ou pastor, o médico da família, o orientador ou o diretor da escola. O desabafo ajuda a aliviar a tensão, ajuda você a ver melhor a sua preocupação e, às vezes, ajuda você até a pensar numa possível solução."

Mas se você tiver de se preocupar, desabafe

É difícil acrescentar outras coisas ao que já se disse, a não ser, quem sabe, para reforçar a idéia de que você deve discutir sua preocupação com alguém que saiba mais do que você, que possa ajudar você de alguma forma e com quem você possa desabafar. Tenho certeza de que você já ouviu falar ou leu a respeito de pessoas que tiveram a vida arruinada por causa de coisas que poderiam facilmente ter sido esclarecidas se elas conversassem com alguém que lhes compreendesse as preocupações ou problemas.

Não aceite o conselho, evidentemente, de pessoas que apenas sabem tanto quanto você, ou ainda menos, a respeito de um determinado problema. Lembro-me de um conhecido que estava sofrendo de uma incômoda e dolorosa irritação de pele. Um amigo bem-intencionado aconselhou-o a cobrir a área afetada com iodo. Isso não só não fez melhorar a irritação, como também lhe causou queimadura de terceiro grau. A coisa mais sensata teria sido consultar um médico.

Agora — indo de uma situação extrema a outra absurda —, você é do tipo de pessoa que se arrasta pela vida sempre preocupado com coisas assim: Será que liguei o alarme do relógio? Apaguei as luzes? Desliguei o forno? Desconectei o ferro elétrico da tomada? Pus o lixo para fora? Tranquei a porta?

É claro que a melhor maneira de ajudar você a evitar essas preocupações menores é dizer que você precisa aprender a se lembrar. Se você aprender a lembrar-se de fazer estas coisas, não terá de se preocupar com elas. Você vai achar que eu estou fazendo propaganda, mas só posso aconselhá-lo a adquirir um exemplar de um dos meus livros sobre o assunto. A desatenção é na verdade um problema de memória, e eu trato dele pormenorizadamente em alguns dos meus livros. Senão, leia o capítulo deste livro que trata dos hábitos. Se você criar o hábito de fazer as coisas na ordem adequada e no devido tempo, não terá de preocupar-se com elas.

Atendo-nos estritamente ao assunto da preocupação, insisto: *pare*, por favor, de se preocupar com essas coisas! Se você esquecer de trancar a porta e a casa for assaltada, garanto que você jamais a deixará aberta novamente. Se você chegar atrasado ao trabalho uma vez porque não ligou o despertador, é muito provável que não cometa de novo esse engano.

Se esse tipo e preocupação de fato é uma pedra no seu sapato, a melhor atitude a adotar é esta: "E daí?" Se você errar uma ou duas vezes, certamente vai se sair melhor da próxima vez. Repito, o que é o pior que poderia acontecer? Se o pior, na sua opinião, for realmente ruim, então aproveite a ocasião para examinar aquilo que o preocupa.

Se você anda preocupado porque não sabe se apagou as luzes de casa ou do carro — bem, o pior que pode acontecer é o carro precisar de uma recarga na bateria ou você ter de pagar alguns tostões a mais na conta de luz. Cabe a você decidir se vale a pena se preocupar. Se alguns tostões a mais na conta de luz não fazem muita diferença, por que se preocupar?

A última coisa com que se preocupar

Pois bem, o que mais o preocupa? A velhice? Oh, sim, isso é algo que preocupa a maioria das pessoas. Benjamin Franklin disse: "Todo mundo quer viver por muito tempo, mas ninguém quer ficar velho." Como isso é verdade! Ora, que tal *amadurecer* em vez de envelhecer? Pense nessa alternativa!

Aliás, como é que você sabe que a velhice não é a melhor parte da vida, a mais gratificante? Nesse caso, o sensato seria esperar impacientemente pelo inevitável. Não quero dizer que você deva se sentar e esperar pela velhice, mas também não se preocupe com ela. Preparar-se para ela? Certamente. Invista na sua aposentadoria ou num fundo de pensão; interesse-se por *hobbies* com os quais possa se envolver quando estiver mais velho. Mas, pelo amor de Deus, não fique preocupado com isso! Segundo o dr. Theodore R. Van Dellen, "a velhice não é um problema tão grande quanto o medo de envelhecer".

E Harry Golden, no livro campeão de vendas *Only in America*, nos dá uma boa idéia sobre o assunto. Ele sugere que se inicie cada dia com o pensamento de que se viverá para sempre. "Inicie uma reforma importante na sua casa aos 70 anos de idade e, aos 75, comece um novo curso na universidade ou aprenda um novo idioma. Mantenha-se ativo como se a vida nunca fosse terminar. E quando a morte chegar de fato, você nem a perceberá."

O que mais? Está preocupado com as doenças? Procure o seu médico — deixe que *ele* se preocupe com isso!

Está achando que vai ficar louco? Ótimo! As pessoas que têm medo de ficar loucas quase nunca ficam!

E não se preocupe demais com a possibilidade de ir para o inferno — você já esteve lá!

CAPÍTULO 20

Como Vencer o Medo e Superar Problemas Inevitáveis

Não tenho nenhum inimigo a temer a não ser o medo.
FREDERICK LAWRENCE KNOWLES

Não há muita diferença entre preocupação e medo. Na verdade, trata-se de uma cabeça quente (de preocupação) que começa a ferver (de medo). Também neste caso, não posso simplesmente aconselhá-lo a eliminar o medo. Isso não só é impossível como também não é sensato.

Erich Fromm escreveu certa vez: "A ansiedade *racional* devida à consciência de perigos *reais* atua em prol da autopreservação; é um elemento saudável e indispensável da nossa organização psíquica. A ausência de medo é um sinal de falta de imaginação e inteligência, ou de falta de vontade de viver." (Os grifos são meus.)

A ansiedade ou medo racional de perigos reais é, naturalmente, uma parte essencial da vida. O medo, como a dor, pode ser um aviso ou proteção contra um perigo iminente. Se você não tivesse medo do fogo, mais cedo ou mais tarde se queimaria gravemente. Eu poderia lhe dar mil outros exemplos, mas tenho certeza de que isso não é necessário.

O conhecimento é a raiz da consciência, e a consciência pode, em alguns casos, provocar o medo. Parece-me, portanto, que quanto mais se sabe, mais coisas há para se temer. Não há, porém, razão nenhuma para se olhar com desconfiança para o conhecimento; como quer que você encare o conhecimento, saiba que a ignorância não é nem um pouco benéfica.

Muitos medos nos são instilados durante a infância; ainda bem. A criança queimada tem medo do fogo, embora esse medo seja provocado pela dor de um acidente, e não pelo ato intencional de alguém.

O medo também pode ser uma força criativa. Foi o medo da ignorância que criou as escolas; o medo do envenenamento alimentar que propiciou métodos mais seguros e saudáveis de preparo e acondicionamento; o medo de acidentes que fez com que medidas de segurança fossem aplicadas a edifícios, fábricas e automóveis.

Quantas vezes você, depois de ter visto um acidente grave na estrada, dirigiu mais devagar e com mais cuidado durante pelo menos os trinta quilômetros seguintes? Ou, depois de ter ouvido falar que alguém contraiu uma doença horrível, correu ao médico para fazer o exame que adiava por tanto tempo?

Nesses casos, o medo não lhe fez mal algum. Ao contrário, ele talvez lhe tenha feito algum bem. É dos medos anormais e desmedidos que temos de nos livrar.

O mais universal dos medos é o medo da morte — medo da própria morte ou da morte de seres queridos. Esse medo nos atinge forçosamente a todos, numa época ou em outra. Parece-me que a única forma de atenuá-lo um pouco é lembrar que é bobagem temer ou sofrer pelo inevitável. Shakespeare, como sempre, disse isso de maneira muito bela na tragédia de Júlio César:

> Os covardes morrem muitas vezes antes de morrer;
> Os bravos só provam a morte uma única vez.
> De todos os prodígios de que já ouvi falar,
> O mais estranho, parece-me, é que os homens sintam medo,
> Visto que a morte, um fim necessário,
> Há de chegar quando tiver de chegar.

Conheça os seus medos e faça deles seus servos

Não há ninguém, nenhuma pessoa normal, que não tenha medo. Os heróis mais nobres e corajosos lhe dirão com toda a sinceridade que, quando realizaram seus feitos heróicos, estavam tão assustados quanto você e eu estaríamos. A diferença é que eles foram capazes de superar esse medo — resistiram ao impulso de ceder a ele.

Pode ser que você tenha de enfrentar muitas coisas ou situações assustadoras. Não se envergonhe do seu medo, mas acostume-se a resistir a ele, a superá-lo. Aliás, segundo um certo ditado, para eliminar o medo deve-se "fazer aquilo que se teme".

Muitas coisas de que você agora tem medo podem ser encaradas de frente e até acabar se tornando causa de alegria. Se você tem terror de patinar no gelo, enfrente esse terror e aprenda a patinar. Talvez você descubra que passou anos e anos perdendo a oportunidade de desfrutar de algo prazeroso.

Não esconda seus medos de si mesmo. Harry Emerson Fosdick disse: "É importantíssimo trazer o medo à luz e enfrentá-lo abertamente." Você nunca conseguirá vencer o medo se não o puser para fora, de tal modo que consiga olhá-lo bem de frente.

Medo do fracasso? Bem, já falei sobre isso no capítulo anterior. Só repito que as pessoas que têm pavor do fracasso são as que nada realizam, uma vez que têm medo de tentar. Ponha na cabeça que o verdadeiro sinal do sucesso não é uma linha reta e ininterrupta rumo à realização, mas a disposição a superar os fracassos!

Pelo que me consta, se os pensamentos de uma pessoa se inclinam muito para a idéia de que "Eu talvez não consiga", ela jamais começará coisa alguma — e esse é o pior dos crimes. Comece e ambicione alto. Como Joel Hawes disse certa vez: "Aponte a flecha para o sol. Pode ser que você não o alcance, mas sua seta voará muito mais alto do que se você visasse um objeto na altura dos seus olhos."

Sempre que possível, faça com que o medo atue a seu favor. Se você tem medo do fracasso, faça todo um planejamento para prevenir-se.

Prepare uma alternativa caso a primeira tentativa dê errado. Desse modo, o medo estará ajudando você, e não impedindo-o de começar.

Quando eu era muito pequeno, eu tinha medo das pessoas. Era terrivelmente tímido. Mas decidi enfrentar esse medo e vencê-lo. Comecei a conversar com as pessoas sempre que possível. Eu sempre achara que não tinha nada de especial para oferecer, por isso tentei diverti-las. Procurei levá-las ao riso ou mostrar-lhes coisas nunca antes vistas. Agora eu não tenho mais medo das pessoas, porque transformei aquele medo primitivo num servo que trabalha para mim.

Às vezes você precisa fingir, agir *como se* um determinado medo não existisse. Theodore Roosevelt escreveu certa feita: "No começo, uma infinidade de coisas me davam medo; mas, por agir como se eu não tivesse medo, aos poucos deixei de ter medo. Qualquer pessoa pode repetir esse processo, se quiser."

Você pode repetir o processo para superar determinados medos. Force-se a agir com destemor; em dois tempos, você será destemido de fato. Para mim, isso dá certo há anos; não há razão para que não dê certo para você.

Acho que a maioria das pessoas não tem medo do presente. Em geral, são os acontecimentos futuros imaginários que nos enchem de medo. Neste ponto, como é óbvio, estamos voltando ao problema da "preocupação". Na esmagadora maioria dos casos, se você cuidar do presente, o futuro cuidará de si mesmo. "Quanto sofrimento têm-nos custado os males que nunca aconteceram!" Essa observação ainda é tão verdadeira quanto o era quando Jefferson a fez muito tempo atrás.

Você não compreende que, quanto mais o amanhã lhe meter medo, menos tempo e disposição você terá para encarar e desfrutar o dia de hoje? Pare de ter medo da vida; goze a vida. Afinal de contas, nós só passamos por aqui uma única vez!

É absolutamente impossível evitar todo e qualquer aborrecimento na vida. Há uma frase feita que diz o seguinte: "Sempre cai alguma chuva na vida de cada um" — mas por que abrir o guarda-chuva enquanto o sol está brilhando?

Livre-se do medo dois dias por semana

Resumindo: se você tem medo de alguma coisa, não deixe que o medo o corroa. Traga-o à luz para que possa resolvê-lo. Encare-o de frente. No geral dos casos, você compreenderá que o medo era totalmente infantil.

Hoje em dia, o medo de doenças fatais — câncer, problemas cardíacos e assim por diante — causa, na minha opinião, mais ansiedade do que qualquer outra coisa. Se esse medo faz com que você se submeta a um exame físico ocasional, isso é muito bom. Mas não alimente medos irracionais.

Contam que um camarada foi consultar o médico porque achava que tinha câncer. O médico perguntou-lhe se ele sentia alguma dor. "Não", disse o paciente assustado. "Está perdendo peso?", perguntou o médico. O paciente respondeu que não estava; na verdade, até engordara um quilo ou dois. "Então, o que o faz pensar que está com câncer?"

"Fiquei sabendo que o câncer pode começar sem nenhum sintoma, e é exatamente isso que eu tenho!"

Mais enfermidades são causadas pelo medo de uma doença incurável do que pelas próprias doenças. Sem dúvida, vale a pena ser cuidadoso e se submeter regularmente a um exame médico completo; mas, se você já é cuidadoso e já faz exames regulares, está fazendo tudo o que pode, portanto esqueça o assunto. Não desperdice tanto tempo prevenindo-se contra os problemas, a ponto de não dispor de tempo para outras coisas.

Você sofre de cenofobia — medo de coisas novas? Essa doença existe, ou não teria sido necessário criar a palavra. Minha esposa, por exemplo, se recusava terminantemente a entrar num avião. Ela nunca viajara de avião e preferia não tocar no assunto. Finalmente, ofereceram-nos uma oportunidade de negócios que teria sido pura loucura recusar. Mas, para aceitá-la, era necessário ir de avião para o outro lado do país. Bem, minha esposa cerrou os punhos e rezou silenciosamente durante toda a viagem. Para encurtar a história, ela agora praticamente se recusa a viajar por qualquer outro meio, argumentando que o avião é mais rápido do que qualquer outra modalidade de transporte, mais confortável e certamente mais seguro do que o automóvel, no qual teríamos de percorrer uma quilometragem fantástica em meio a condições climáticas inóspitas e adversas.

Pare de negar-se certos prazeres por ter medo de coisas novas ou de coisas que nunca fez antes. Experimente fazê-las uma vez para descobrir se o seu medo tem fundamento. Como já escrevi no capítulo sobre aprendizagem, não seja um espectador o tempo todo — se você participar de vez em quando, vai descobrir que aquilo de que tinha medo pode, na verdade, ser até uma fonte de alegria.

Há muitos livros no mercado sobre o tema da preocupação e do medo, e eu sei que um psiquiatra, se você permitir, pode fazer milagres com relação aos medos irracionais. Mas talvez a melhor maneira de ver esses medos seja igual à de Robert J. Burdette. Ele escreveu: "Há dois dias da semana nos quais e com os quais eu nunca me preocupo. Dois dias de despreocupação, qual um território sagrado, cuidadosamente preservado do medo e da apreensão. Um deles é o Ontem e o outro é o Amanhã."

CAPÍTULO 21

Substitua o Pensamento Positivo pela Ação Positiva

Filho: Mãe, acho que não passo na prova que vou fazer amanhã na escola.
Mãe: Ora, ora, meu filho! Lembre-se — pensamento positivo!
Filho: Tá bem; tenho certeza de que não vou passar na prova!

Ao fazer minhas pesquisas para este livro, tive de ler muito sobre o "pensamento positivo". Parece que o pensamento positivo está na moda hoje em dia. Muitas pessoas com quem conversei consideram-no uma espécie de panacéia, um remédio para tudo e para todos. (Lembre-se que escrevi este livro há quase trinta anos.)

Mas não me interprete mal: o pensamento positivo é uma coisa boa. Só que nenhum dos livros que eu examinei e que tratam do assunto diz muita coisa a respeito da *ação* positiva. É difícil acreditar que o fato de você ficar sentado o dia todo no quarto, pensando positivamente, vá lhe fazer bem. Na verdade, tenho certeza de que vocês todos hão de concordar que quem passa todo o seu tempo pensando não tem muito tempo para realizar.

Como eu já disse, pensar no tempo presente é resolver os problemas. Pensar no passado é recordar — e isso quase não se distingue de remoer e lamentar o passado. Pensar no futuro é prever e antever — e embora a previsão dos problemas possa ser útil às vezes, por que não concentrar-se naqueles que precisam de solução agora?

Você tem alguns problemas que o estão incomodando agora. Então, vá em frente e faça alguma coisa para resolvê-los. Ficar aí sentado pensando no que você vai fazer um dia pode condená-lo a jamais descobrir o que fazer agora. Evidentemente, eu não acho que a gente deva fazer as coisas sem pensar nelas de antemão, mas parece razoável que, se nos livrássemos do pensamento *negativo*, o pensamento positivo surgiria por si mesmo.

Os pensamentos têm de culminar em ações práticas

Eu sei que isso não é tão fácil como parece. Muita gente de fato necessita de ajuda psiquiátrica para se libertar dos seus pensamentos negativos. Em muitos casos, no entanto, creio sinceramente que bastam o bom senso e um pouco de força de vontade. Diz a dra. Karen Horney: "Felizmente a análise não é o único meio de resolver conflitos interiores. A própria vida continua sendo uma terapia muito eficaz." É claro que não estou me referindo aos casos graves de neurose, para os quais a ajuda competente é a melhor solução e talvez a única.

Para a pessoa normal que sofre de ansiedades e tensões normais, os "neuróticos normais" (o dr. George Stevenson sustenta que a ansiedade e a tensão são funções essenciais da vida, assim como a fome e a sede), eu digo: fora com o baixo astral! Voltaire lhe teria dito que: "Quanto mais tempo você se preocupar com seus infortúnios, mais força eles terão para lhe fazer mal."

Se você tem algo a fazer, não deixe que a indecisão o atormente. Faça o que lhe parecer melhor no momento. Por que se preocupar com a possibilidade de cometer um erro? Pode ser, de fato, que você cometa um erro, mas também pode ser que isso não aconteça. E você é capaz de imaginar uma maneira melhor de aprender do que com os seus próprios erros? Na maior parte das vezes, você vai se sentir melhor depois de ter feito o que devia, quer tenha feito bobagem, quer não. E lembre-se deste pensamento do dr. William J. Reilly: "A única pessoa que não comete erros é a que não faz nada — e esse é o maior de todos os erros!"

O mais desejável é um correto equilíbrio entre o pensamento negativo e o pensamento positivo. Tanto um quanto o outro são suscetíveis de excesso. Por exemplo: não cultive a atitude pessimista e egocêntrica da pessoa que é pega de surpresa por um aguaceiro e pensa, "Por que é que essas coisas *só* acontecem comigo?"

No outro extremo está o sujeito que cai do vigésimo andar de um arranha-céu e, quando passa pelo nono andar em queda livre, pensa: "Até agora, tudo bem!" Até que ponto pode-se ser otimista?

Não jogue o seu tempo fora com pensamentos negativos, nem desperdice tempo *demais* com o pensamento positivo. Um estudo realizado pela Universidade de Michigan demonstrou que se usa mais capacidade de energia intelectual na preparação para se resolver um problema do que na resolução propriamente dita.

Por favor, não concorde comigo só por concordar, balançando afirmativamente a cabeça, para depois voltar a fazer o que você sempre faz. Faça o esforço necessário para *pôr à prova* essas idéias.

Se eu não tivesse acreditado nelas, este livro provavelmente jamais teria sido escrito. Evidentemente, todas as idéias e pensamentos já estavam na minha mente, mas misturados com idéias do tipo: "Acho que não vou ser capaz de traduzi-las em palavras! Acho que não sei escrever bem; não sei se as pessoas vão se interessar; não sei por onde começar."(Digo mais uma vez, escrevi isso trinta anos atrás!)

Esse último problema eu resolvi com muita facilidade. Eu simplesmente *comecei*! Quão verdadeiro é dizer que todo progresso vem da ousadia de começar! E ainda estaria lutando com esses pensamentos negativos se não tivesse simplesmente começado. "O primeiro passo já transpõe metade do caminho."

Acredite piamente no "aprender fazendo". Sempre é gostoso imaginar que minhas idéias se transformam em livros de sucesso, mas sem o *fazer* não haveria livro nenhum. Acho que, ao fim e ao cabo, o melhor é fazer com que pensamento e ação trabalhem juntos. Dessa maneira, tudo vai colaborar para o seu bem.

Os obstáculos têm uma razão para existir

Voltando à ação positiva: por acaso você gostaria de fazer muitas coisas, mas não consegue começar por medo do fracasso? Você tem medo das muitas dificuldades envolvidas? Bem, é aí que o pensamento positivo pode ser útil. Lembre-se e acredite firmemente que a superação ou nivelamento das dificuldades é *parte* do ato de aprender algo novo ou diferente.

Se você for capaz de crer intensamente nessa verdade, nunca mais vai se preocupar com as dificuldades. E um pequeno esforço de análise vai lhe mostrar que de fato as coisas são assim. Pense agora em algo que você já realizou — qualquer coisa, seja ela pequena ou grandiosa. Procure se lembrar dos aborrecimentos e dificuldades que você teve de superar para realizá-la. E responda sinceramente: você não aprendeu alguma coisa com quase todos esses probleminhas? Pense nisso por um momento e você certamente há de concordar.

W. M. Punshon expressou isso da seguinte maneira: "Seu caminho é cheio de dificuldades. Seja grato por elas. Elas vão pôr à prova sua capacidade e a sua resistência; você será forçado a perseverar pela própria energia da oposição. Mas o que acontece com aquele que fracassa? O que ele ganha? Força para viver. O verdadeiro mérito não está no sucesso, mas no esforço; quer ganhe, quer perca, o homem empreendedor será respeitado e glorificado."

Mas suponha que você não queira fazer determinada coisa porque sabe que ela é superior a você — você nunca seria capaz de aprender a fazê-la bem.

Por que se preocupar em fazê-la bem? A primeira coisa a *fazer* é aprendê-la, mesmo que mal-e-mal. Aprender a fazer alguma coisa é o primeiro passo para aprendê-la bem. Em segundo lugar, como é que você *sabe* que não é capaz de fazer aquilo? O "não consigo" não é um fato, mas uma idéia. Um bom exemplo disso é a velha piada sobre o rapaz a quem perguntaram se sabia tocar piano. A resposta dele foi: "Não sei se sei tocar ou não, eu nunca *tentei*." Ora, eis aí um rapaz inteligente.

Dentre os livros que li sobre como ser feliz e/ou bem-sucedido, um deles poderia ser reduzido a um único parágrafo. Dizia ele: simplesmente imagine tudo quanto você quer que aconteça. Se você quer ganhar um milhão de dólares, imagine-se fazendo as coisas que um milionário faria. Imagine-se vivendo, trabalhando e agindo como um milionário. Em outras palavras, *imagine-se como um milionário.*

É claro que o "pensamento positivo" se resume exatamente nisso. Tenho certeza de que o autor pretendia dizer que a imaginação leva à ação. Contudo, você pode passar o dia todo "pensando em emagrecer"; se continuar comendo em excesso, com certeza você continuará gordo, ou ficará ainda mais gordo.

A respeito deste assunto em particular, Shakespeare escreveu: "As dúvidas são traidoras que nos fazem perder o bem que poderíamos obter se não tivéssemos medo de tentar."

Entende o que eu quero dizer? Por que pensar que você não consegue fazer alguma coisa antes de tentar fazê-la? Na maioria dos casos, quando tentar, você se surpreenderá. E certamente não será vergonha nenhuma falhar, desde que você dê o melhor de si. Pelo menos você saberá que tentou; depois, poderá voltar seus pensamentos e energias para outras coisas. Garanto que as vitórias superarão em número os fracassos.

Não pense, porém, no fracasso. Se você se sentir incapaz, subdotado, incompetente, talvez lhe convenha lembrar o que o senador norte-americano George F. Hoar disse: "Grande parte das boas obras realizadas no mundo foi feita por pessoas limitadas que deram o melhor de si."

Nada pessoal, é claro. Mas pense: muitas coisas boas se perdem para a sociedade porque as pessoas têm medo de transformar suas idéias em ações práticas. Desnecessário lembrar você de todos os grandes pensadores e inventores que foram ridicularizados de início, mas que perseveraram apesar de todas as adversidades e alcançaram o sucesso. Os seres humanos são muito dados a zombar das novas idéias e atividades. O que você deve fazer é rir dos escarnecedores, seguir em frente e fazer o que você considera correto.

Não me entenda mal. Não estou incitando você a adotar uma atitude anti-social; isso é você quem decide. Estou só lhe aconselhando que talvez seja melhor parar de se preocupar com o que os outros pensam e concentrar-se no que *você* pensa.

A obrigação pode ser um desafio estimulante

Algumas obrigações aparentemente desagradáveis podem se tornar mais fáceis de executar se você as encarar como desafios. Essa idéia me ajudou e ainda me ajuda bastante. Desde criança eu a ponho em prática, e ela funciona muito bem. Não há motivo para que ela não funcione também com você.

Aposte consigo mesmo que você é capaz de fazer tal coisa, ou que vai conseguir lidar com uma dada situação. Na minha atividade de dar conferências e entreter o público com a demonstração do poder da memória, tudo pode acontecer. A experiência me ensinou a lidar com a maioria das circunstâncias. Vez por outra, no entanto, eu tenho de fazer uma apresentação para um público completamente hostil.

Anos atrás, quando eu via um público que era, digamos, um pouco indisposto, meu primeiro impulso era ir embora. Meu estômago se contraía; eu suava frio; em outras palavras, eu ficava com medo. O pensamento que me vinha era mais ou menos assim: "Por que tenho de suportar isto? Afinal de contas, sou um artista bem pago, não preciso disto. Por que suportar a grosseria dessas pessoas durante mais de uma hora de palco? Se elas não querem me ouvir, quem perde são elas, não eu. Por que elas se dão ao trabalho de pagar ingresso para a apresentação se não têm a intenção de ouvi-la? (Hoje em dia, isso já não é um problema para mim. Sou contratado como orador principal da noite em reuniões empresariais de alto nível.)

Finalmente, compreendi que esse tipo de pensamento, além de egoísta, era completamente inútil. Ele não fazia bem a ninguém, muito menos a mim. Ao fim e ao cabo, eu sempre tinha de me apresentar. O público não era o único fator envolvido — havia os agentes, gerentes, diretores e assim por diante. Eu não tinha alternativa senão levar a cabo minha apresentação.

O problema era que eu ficava nervoso a tal ponto que entrava no palco exasperado, com ódio do público, e obviamente eu o indispunha por completo.

Felizmente, esse tipo de público era e ainda é raro. Mas era deles que eu me lembrava. Eles se fixavam na minha mente e me deixavam com uma sensação horrível.

Por fim fiquei esperto. Meu pensamento atual, antes de me apresentar para pessoas que, a meu ver, formam uma platéia ruim, é o seguinte: "Ora, a maior parte das platéias para as quais me apresento consistem de pessoas cordiais. É um prazer trabalhar para elas. Este público me fará apreciá-las ainda mais. Mas eu sou capaz de manobrá-lo! Afinal de contas, sou um apresentador tarimbado; eis aí uma prova do meu valor, um desafio. Não vou me furtar ao desafio, pois sei que sou capaz de acalmá-los. Todos no fundo são pessoas decentes e amáveis, e eu sei que vou conseguir controlá-los."

Quanta diferença! O que eu compreendi foi que não era o público que me derrotava; era eu que derrotava a mim mesmo! Eu já estava fazendo uma péssima apresentação *antes* de ir para a frente do microfone. (Eu também compreendo, enquanto leio isto, que já *paguei minhas dívidas*!)

A atitude de encarar tudo aquilo como um desafio não só tornou a tarefa mais fácil como também me propiciava uma grande sensação de realização quando eu fazia um bom espetáculo.

Ocupei muito espaço para lhe falar de algumas idéias muito simples e básicas — a saber, que o pensamento positivo é ótimo quando ele anda de mãos dadas com a ação positiva; e que, quando você tiver uma tarefa a fazer que se lhe afigure como uma obrigação desagradável, faça disso um desafio. Dessa forma, as obrigações desagradáveis poderão até lhe dar uma sensação de realização mais forte do que as incumbências agradáveis ou comuns.

Por que não tornar as coisas mais fáceis para você? Não deixe que as coisas o chateiem demais; dê o melhor de si segundo as circunstâncias. Um aviso, porém — não use o "melhor de si" como uma justificativa para um trabalho malfeito ou para a mediocridade. Muitos se limitam a dizer "isto é tudo o que posso fazer" e não fazem praticamente nada. Assim, quando digo "dê o melhor de si segundo as circunstâncias", estou me referindo ao *melhor*, não ao segundo melhor. Então, você jamais precisará olhar para trás e lamentar o que fez. E lembre-se do que dizia Oliver Wendell Holmes: "O grande propósito da vida é *viver*."

CAPÍTULO 22

Que Tipo de Sucesso Você Quer?

O sucesso é um prêmio a ser ganho. A ação é o caminho que leva a ele. O acaso é o que pode estar à espreita nas sombras à margem da estrada.

O. HENRY

Quem quiser ficar milionário da noite para o dia só tem de fazer uma coisa: inventar uma fórmula garantida de sucesso. Como eu gostaria de conceber um conjunto de instruções que assegurassem o sucesso ao seu leitor ou usuário!

Infelizmente, tal coisa não existe e nunca existirá. Um dos motivos é que há muitas concepções diferentes sobre o sucesso. Será que a palavra "sucesso" significa ser rico, ser famoso, ser feliz? Eu mesmo não sei. O que sei é que é muito possível ser rico e/ou famoso, mas não feliz. Além disso, há muitas pessoas de sorte que não são ricas nem famosas, mas são felizes.

O sucesso é um conceito estritamente pessoal. Há quem ache que não poderá ser feliz a menos que fique rico ou famoso, ou — melhor ainda — ambas as coisas. Aqueles que conseguem alcançar a felicidade sem fama nem riqueza são de fato homens bem-aventurados e dignos de inveja. Tudo está na mente. É possível ser feliz em quase todas as circunstâncias, se a mente o permitir. E quem há de dizer que ser feliz não é ser bem-sucedido?

Não avalie o sucesso pelo passado

Sempre me preocupo um pouco (e me divirto) com o fato de o sucesso ser avaliado pelo passado. Nós nos propomos exemplos de pessoas consideradas bem-sucedidas e depois procuramos imitá-las. Trata-se mais uma vez de um pensamento silogístico coletivo. Vou lhe dar um exemplo.

O sr. Z trabalhava em tempo integral como depenador de frangos aos oito anos. O sr. Z é atualmente um homem muito rico e/ou famoso. Portanto, se você quiser ser rico e famoso, o melhor é trabalhar em tempo integral como depenador de frangos desde os oito anos de idade.

Este exemplo parece muito engraçado, mas às vezes somos nós o alvo das risadas. Conheço muitas pessoas que pensam assim conscientemente, e outras ainda que o fazem subconscientemente. Esse pensamento, aliás, se aplica a quase todos os tipos de realização. Não faz muito tempo li no jornal a história de um homem que estava com 105 anos de idade. Quando lhe perguntaram a que atribuía a sua longevidade, ele respondeu que nunca fumara nem bebera. Sendo eu um fumante quase inveterado, comecei a reduzir a quantidade de cigarros imediatamente!

Cheguei até a parar completamente de fumar durante um tempo, até que li a respeito de outro homem que estava com 110 anos de idade! Na sua entrevista, ele se vangloriava de fumar desde os 15 anos. Bem, voltei a fumar desde então. (Não, porém, nos últimos seis anos.)

Não estou tentando aconselhar ninguém a fumar ou não fumar, veja bem — só estou procurando demonstrar como o sucesso é geralmente avaliado pelo passado.

Albert Einstein foi reprovado no vestibular para o curso de matemática quando tinha 16 anos; Abraham Lincoln rachava lenha quando jovem; Glenn Cunningham, o grande corredor, sofreu queimaduras tão graves quando menino, que lhe disseram que ele jamais voltaria a andar.

Todas essas pessoas são dignas de admiração, mas eu acho que não podemos usar a vida delas como exemplo. Devem existir milhares de cientistas ou matemáticos que não foram reprovados no vestibular; nem todo presidente dos E.U.A. teve de viver numa cabana de madeira quando menino; e tenho certeza de que existem muitas atrizes de cinema que não precisaram ser "boazinhas" com os produtores a fim de chegar onde estão! O fato de nunca ter fumado não é razão por que uma pessoa chegue aos 105 anos de idade. O que dizer de todas as pessoas que nunca fumaram e que morreram jovens?

A Vovó Moses nunca aprendeu nada sobre pintura, mas já numa idade avançada começou a pintar e ficou famosa; nem por isso você deve sair por aí aos 70 anos, comprar tinta, pincel e tela, e ter como certo que o mesmo vai acontecer com você! Sem dúvida é possível que exista por aí uma outra Vovó Moses, mas a imensa maioria das pessoas precisa tomar aulas e estudar muito antes de ser capaz de pintar algo que valha a pena.

Algumas pessoas parecem pensar que o único meio de chegar ao sucesso é imitar uma outra pessoa bem-sucedida no seu atual estágio de sucesso. Isso pode até dar certo às vezes, mas em geral dá errado; além do mais, os imitadores geralmente só são conhecidos como tais — imitadores.

Sim, é bom que você aprenda com os outros, mas a imitação quase nunca conduz ao sucesso. Hoje em dia vigora o mau costume de medir o sucesso de uma pessoa não pelo que ela dá à sociedade, mas pelo que tira dela. É sempre a mesma coisa: ponha os outros em primeiro lugar, pense no que você pode dar à sociedade, e suas chances de sucesso aumentarão muito.

Você é mais bem-sucedido do que imagina

Se você acha que não está chegando a parte alguma na vida, pare de se queixar da sua falta de sorte. Sempre acreditei piamente que a *capacidade* (ou talento) *busca seu próprio nível.*

Se você tiver capacidade, ao fim e ao cabo há de chegar ao nível social no qual essa capacidade pode se expressar. Se não tiver, jamais alcançará esse nível enquanto não tiver adquirido a capacidade necessária. Pessoalmente, sempre estive de acordo com este achado filosófico de James M. Barrie: "O segredo da felicidade não está em fazer o que se gosta, mas em gostar do que se faz."

Essa frase pode ser parafraseada para mostrar a diferença entre sucesso e felicidade: "Sucesso é ter o que se quer. Felicidade é querer o que se tem." Todavia, parece-me que não há motivos para não fazer uma mescla de ambos. Se você puder obter, numa certa medida, aquilo que quer, e depois ficar contente com isso — bem, meu amigo, você chegou lá!

Agora, então, a sua queixa é que se você pudesse alcançar um pouquinho de sucesso, você ficaria muito feliz com isso — não é? Bem, eu não acredito em você! Acho que você não está sendo sincero consigo mesmo. Estou disposto a apostar que você já alcançou um certo grau de sucesso. Pare e pense nisso por um instante. Tenho razão, não tenho? De uma forma ou de outra, você alcançou algum tipo de sucesso!

Estar vivo e poder pensar já é um sucesso! Certa vez, assisti a uma palestra sobre ocultismo na qual o conferencista disse: "A era dos milagres ainda não acabou — *você* é um milagre!" Ora, pois, se você concorda que já alcançou um certo grau de sucesso, sente-se feliz com o que já realizou?

Se não estiver, não se aflija! Isso é perfeitamente natural. O estado de completa satisfação é o princípio da morte. Nesse caso, não haveria nada mais para se esperar ansiosamente. Todo mundo tem algum sentimento de insegurança, e isso também é normal. Foi Dwight D. Eisenhower quem disse: "O melhor exemplo de perfeita segurança é o homem que está cumprindo prisão perpétua na cadeia." Se um homem está cumprindo prisão perpétua e sabe com absoluta certeza que não existe esperança de liberdade condicional, e se não tem uma família lá fora na qual pensar e com a qual se preocupar, ele está em perfeita segurança — e é também um bom exemplo de morte em vida.

Portanto, pare de se preocupar em alcançar a segurança absoluta ou o sucesso absoluto — isso não existe e, ainda que existisse, não seria algo tão apetecível. Por que buscar tal coisa se o verdadeiro prazer de viver vem do esforço de atingir um objetivo? O escritor espanhol

Cervantes expressou essa idéia com muita singeleza muito tempo atrás: "A estrada é sempre melhor do que a estalagem."

Tenho certeza de que muitas vezes você já se esforçou para alcançar determinado objetivo, alcançou-o finalmente e, depois, perdeu o interesse — substituindo-o imediatamente por outro objetivo.

Se você sempre se sente vítima de um leve sentimento de insegurança, isso não é nada sério. Na verdade, você está em melhor situação do que quem não tem insegurança nenhuma. É esse mesmo sentimento que o obriga a buscar o sucesso, a pôr seus objetivos num patamar sempre mais elevado; é ele que o motiva. William Feather dizia: "A insegurança é a principal força de propulsão no mundo."

Você compreende, é claro, que quando falo sobre o sucesso, estou me referindo ao sucesso individual no campo da sua escolha.

Você não consegue conhecer as pessoas "certas"?

Com bastante freqüência, as pessoas se queixam de que não têm nenhuma capacidade especial ou proeminente; ou que não conhecem as pessoas certas; ou que tentam, tentam e continuam fracassando; ou que não têm sorte — de modo que não têm motivo para perseverar. Em resposta à primeira objeção, só posso repetir o que H. J. Heinz respondeu quando lhe perguntaram sobre o segredo do seu sucesso: "Uma coisa comum, quando muito bem feita, é fonte de sucesso." Então não importa o que você faz; se você o fizer muito bem, será dono de uma capacidade proeminente.

Se você acha que o seu desenvolvimento está sendo refreado porque você não conhece as pessoas certas, você está simplesmente inventando uma boa desculpa. Lembre-se: "A capacidade busca o seu próprio nível." Se você tiver capacidade, as pessoas "certas" procurarão por você. Talvez você precise se esforçar para estar no lugar certo na hora certa para ajudá-las a encontrar você — mas elas o encontrarão mais cedo ou mais tarde.

Esteja, porém, preparado para uma possível decepção quando você de fato encontrar as pessoas "certas". Talvez elas não queiram ajudar você, mas que você as ajude! Em geral, o melhor é ajudar a si mesmo, e não esperar que os outros lhe dêem um empurrão. O Juiz Brandeis tinha plena razão quando escreveu: "Ninguém pode puxar você para cima — suas mãos vão escorregar da corda. Mas, com os próprios pés, você será capaz de escalar montanhas."

Sim! Você será capaz de escalar montanhas! Se você já fez inúmeras tentativas e fracassou em todas elas, procure fazer alguma outra coisa ou descobrir o que está fazendo de errado. No mínimo, tente de novo. Você vai perceber que o sucesso, na maioria dos casos, depende de 99% de transpiração e só 1% de inspiração.

É aqui que o pensamento positivo vem a calhar. Procure visualizar bem claro o seu objetivo, seja ele qual for. Se você imaginar o pequeno sucesso a que está almejando, será muito mais fácil superar cada obstáculo que se interpuser no seu caminho. Forme uma imagem nítida do que está procurando alcançar, e você terá uma meta para a qual dirigir os seus esforços.

Em vez de reclamar das dificuldades e obstáculos, faça de cada tarefa ou dever uma aventura, um desafio. Quando o objetivo for finalmente alcançado, esses obstáculos lhe parecerão brincadeira de criança. Harold Helfer expressou isso da seguinte forma: "O sucesso é um sol brilhante que apaga e torna ridiculamente insignificantes todas as pequenas manchas de fracasso."

Muitos estão sempre prontos para desistir cedo demais e com demasiada facilidade. Nada que valha a pena jamais foi alcançado sem um pequeno esforço e alguns fracassos. Há muitas coisas que *não podem* ser realizadas sem nenhum fracasso. Lembre-se que a multiplicação de pequenos fracassos é a mãe do sucesso, e você se sentirá melhor. Pense no que é preciso para abrir um pote cuja tampa esteja emperrada. Você pode forçá-la e tentar abri-la dez vezes, sem resultado; na décima primeira tentativa, você remove a tampa com facilidade. Mas sem aquelas dez primeiras tentativas fracassadas, você jamais o conseguiria.

Se você sabe dirigir um carro, datilografar ou falar uma língua estrangeira — se você domina alguma habilidade que exigiu tempo, esforço e prática para desenvolver —, provavelmente já esqueceu os erros e o desânimo que fizeram parte do processo de aprendizagem. Talvez lhe seja difícil lembrar do tempo em que não sabia dirigir, datilografar ou falar uma língua estrangeira. E no entanto, se você fizer um esforço, vai perceber que foi uma seqüência de erros e de pequenos fracassos que levaram à realização final.

Portanto, não perca tempo procurando pessoas para ajudar você. Mais cedo ou mais tarde, você há de admitir que a melhor mão amiga é a que está na extremidade do seu braço. Não jogue o seu tempo fora querendo saber se você está ou não está fazendo a coisa certa, ou se deve realmente fazer isto ou aquilo. De acordo com Emerson: "Não dissipe a vida em dúvidas e receios; invista seu tempo no trabalho que se lhe apresenta agora, com a certeza de que a correta execução dos deveres atuais será a melhor preparação para as horas ou eras que se seguirão."

Não confie nas previsões alheias – faça as suas próprias

O que mais lhe posso dizer sobre a conquista do sucesso? Bem, vejamos. Embora já se tenha dito que "A busca da perfeição em todas as coisas é uma porta aberta ao fracasso" — e eu concordo com isso —, também acho que o homem deve conhecer bem o seu campo de trabalho. Invista nisso! Muitos pensam que conhecem bem alguma coisa quando, na realidade, a conhecem mal-e-mal. Sófocles disse: "Deve-se aprender fazendo a coisa; pois, embora penses que a conheces, não terás certeza enquanto não te lançares à prática."

Sem trabalho não há sucesso. Infelizmente, a única coisa que de fato poderia ajudar as pessoas que não se deram bem na vida, ou que sofrem de tédio, preguiça, solidão ou o que quer que seja, é muitas vezes a única solução que elas não admitem experimentar — o *trabalho*.

Charles Kingsley escreveu numa carta: "Agradeça a Deus todas as manhãs por ter algo para fazer nesse dia, algo que precisa ser feito, quer se queira quer não. A obrigação de trabalhar e de dar o melhor de si forjará em você a temperança e o autocontrole, a diligência e a força de vontade, a satisfação e o contentamento, e uma centena de outras virtudes que os ociosos jamais conhecerão."

Portanto, caso você ainda esteja na estaca zero, escolha um ponto de partida e trabalhe a partir dele. Você tem de começar de algum lugar. James Watt observou uma chaleira fervendo e tomou-a como ponto de partida. O resultado final foi a máquina a vapor! Isaac Newton viu uma maçã cair...

Nem sempre é fácil começar, eu sei. Na verdade, essa é a parte mais difícil da conquista do sucesso. Você precisa de toda a sua energia só para começar; depois disso, talvez até lhe seja possível prosseguir sem esforço por algum tempo. Uma pequena fração da potência do motor basta para manter um carro em movimento; mas a arrancada pode exigir a potência integral!

Creio que isso vale para *qualquer* tarefa. Você já teve de limpar uma gaveta ou armário cheios de lixo acumulado durante muitos anos? Geralmente você vai adiando o serviço, e enquanto isso a situação da gaveta ou do armário vai ficando cada vez pior. Você sabe, por experiência própria, que depois de iniciada a tarefa, ela não se afigura tão ruim quanto você previa. O início de qualquer projeto é sempre a sua parte mais difícil.

Certa feita, disseram a Glenn Cunningham que ele jamais poderia andar novamente, e no entanto ele se tornou um corredor famoso e bem-sucedido. Do mesmo modo, muitas pessoas ficaram desanimadas por causa dos resultados dos testes de inteligência e aptidão, e no entanto alcançaram o sucesso. Os resultados desses testes nem sempre são corretos. E mesmo que você acha que não tem capacidade, pode ser que a tenha mesmo assim.

É uma situação semelhante à do artista que dizia ao seu psiquiatra: "Doutor, eu não sei cantar, dançar nem contar piadas — o que devo fazer?"

Psiquiatra: "Abandone o mundo artístico."

Paciente: "Mas eu não posso — eu sou um astro!"

Tem gente que presta um exame em más condições físicas ou psicológicas — doente, talvez, ou preocupada com outra coisa muito importante — e passa o resto da vida se submetendo a um resultado injusto e irreal. Não tenho a intenção de criticar os testes de Q.I. ou de aptidão intelectual, mas — vamos falar a verdade — nem sempre se pode confiar neles. Recentemente, li que um grupo de esquimós havia sido submetido a um teste, e os resultados mostraram decisivamente que eles não eram capazes de se adaptar ao clima ártico!

Os esquimós não sabem disso e continuam vivendo perfeitamente felizes e bem-adaptados ao Ártico. Isto me faz lembrar de um cartaz afixado na parede de uma fábrica da General Motors: "De acordo com a teoria da aerodinâmica e com todos os experimentos feitos em túnel de vento, o abelhão [mamangava] não pode voar. Isto porque o tamanho, o peso e o formato do seu corpo em relação à envergadura da asas tornam-lhe impossível o vôo. Mas o abelhão, desconhecendo essas verdades científicas, vai em frente e voa assim mesmo — e fabrica o seu mel todos os dias."

Mencionei tudo isso em consideração àqueles cuja confiança, numa outra ocasião, foi abalada em razão dos resultados negativos de um teste. Faça o teste de novo — você pode se surpreender. Conheço pessoas que durante anos e anos asseveraram não gostar de — por exemplo — rosbife. Descobrimos depois que, quando elas o haviam experimentado pela primeira vez, a carne ou estava estragada ou tinha sido inadequadamente preparada. Se elas o tivessem experimentado de novo, em condições favoráveis, talvez tivessem gostado. Não molde a sua vida por uma única falha. Você pode estar deixando escapar alguma coisa boa.

Se você tem habilidade, mas deixou que a sua confiança nela fosse abalada, é como se não tivesse habilidade alguma. Há um provérbio que diz: A habilidade e a confiança são dois soldados que, juntos, podem vencer um exército."

Há mais alguns pensamentos sobre o tema do sucesso no capítulo seguinte. Por ora, deixo você com esta idéia para refletir: "Um homem pobre pode ser feliz, mas nenhum homem feliz é pobre!"

CAPÍTULO 23

Como Atrair a Sorte

Muitas pessoas medíocres alcançam o sucesso porque não têm conhecimento suficiente para desistir.
BERNARD BARUCH

Tentei lhe transmitir algumas idéias que tenho a respeito do tema do sucesso. Espero que meus pensamentos ajudem você, dando-lhe pelo menos um ponto de partida para a reflexão. Sei muito bem que a coisa mais difícil do mundo é mudar a perspectiva, o modo de vida, as idéias de alguém.

Vamos encarar os fatos — a maioria, depois de ler este livro, vai continuar pesando e agindo exatamente como sempre fez. Bem, talvez seja melhor assim. Quem sou eu para asseverar que a mudança lhe seria benéfica? Todavia, se você tem se sentido insatisfeito — se está infeliz com a sua sorte —, algumas das idéias contidas neste livro poderão lhe ser úteis.

É claro que elas só poderão ser úteis se forem postas em prática. Ainda que sejam exatamente o oposto daquilo que você geralmente faz ou pensa, experimente-as! Se elas não ajudarem, esqueça-as — mas dê-lhes uma chance primeiro. Se você descobrir que elas efetivamente ajudam, elas se converterão em hábito num instante.

Como você pensa, assim você vive. É a mente que controla a sua vida — então, por que não levá-la ao máximo da sua capacidade? Seu modo de pensar, sua perspectiva da vida, podem superar qualquer obstáculo que possa se apresentar. E não me diga que a ignorância é uma bênção — se assim fosse, haveria mais pessoas felizes neste mundo!

Por acaso há outras pessoas impedindo o seu desenvolvimento?

Você acha que as pessoas o estão impedindo de ir em frente, que você tem inimigos que estão atrasando o seu sucesso? Bem, pode ser — embora esse tipo de pensamento geralmente não passe de uma desculpa para o fracasso. Mas, supondo que realmente você pense assim, por que não aceitar o fato de que quase todo mundo tem inimigos?

Infelizmente, é improvável que alguém consiga passar pela vida sem fazer pelo menos um inimigo. Se você está trabalhando, ou iniciando um negócio, prepare-se: talvez você não tenha inimigos, mas certamente vai enfrentar algum tipo de competição. Fique contente com isso! Sem a competição a busca do sucesso não seria tão divertida.

É difícil começar por cima em qualquer profissão ou ramo de negócios — a não ser que o trabalho consista em cavar buracos (!) ou que você tenha a sorte de casar com a filha do patrão depois de um noivado curtíssimo. Portanto, pare de pôr a culpa nos seus inimigos. Em geral, eles são uma grande ajuda! Edmund Burke escreveu o seguinte: "Aquele que combate contra nós reforça a nossa coragem e aguça a nossa habilidade. O antagonista é nosso colaborador." É a mais pura verdade. A concorrência saudável, e até mesmo os inimigos ferinos, só devem lhe motivar a trabalhar melhor e com mais afinco.

O sucesso, ao que parece, não passa de um estado de espírito. Tudo depende da sua maneira de ver. Evite avaliar o sucesso pelo passado ou medi-lo com uma régua distorcida. É mais ou menos como a publicidade que todo ano se dá às "dez mulheres mais bem-vestidas" do mundo. Isso sempre me incomodou um pouco, porque as mulheres escolhidas são sempre ricas. Eu não entendo por que elas merecem uma aclamação especial, já que não lhes é nem um pouco difícil vestir-se bem. Se as dez mulheres eleitas como as "mais bem-vestidas" fossem todas de classe média ou baixa, a coisa faria mais sentido. Não ter dinheiro de sobra para comprar roupas ao bel-prazer; virar-se com aquilo de que dispõem; não poder se dar ao luxo de seguir os conselhos de estilistas de renome e ainda assim vestir-se bem — isso sim, é muito mais impressionante; é um sinal muito mais claro de realização e sucesso.

Mas voltando ao essencial — *você* –, já lhe ocorreu que muitas pessoas *alcançam o sucesso* simplesmente por se colocarem permanentemente à disposição dele? O que estou querendo dizer é que, se você pensa que a "grande oportunidade" vai vir buscá-lo em casa, pode ir tirando o cavalo da chuva! É você que precisa sair para encontrá-la. Naturalmente, isso vale também para as oportunidades menores, não só para a *grande* oportunidade.

Se você está vendendo um produto, precisa visitar seus clientes várias vezes. Lembre-se que os pequenos fracassos constroem o sucesso. Suponhamos que você visite um cliente vinte vezes sem lhe vender nada; a vigésima primeira visita pode ser a ocasião da grande encomenda que fará todas as outras visitas terem valido a pena. E provavelmente terão sido as vinte visitas "fracassadas" que causaram o sucesso.

Como se relacionar com os superiores

Aprender a lidar com gente é um grande impulso na caminhada para o sucesso. Há muitas dicas e sugestões sobre o assunto dispersas por todo este livro. Mas existe uma outra ideiazinha, um macete que tem me ajudado a valer ao longo dos anos. Ela se destina especialmente a você que tem dificuldade para falar com pessoas de nível social ou econômico mais elevado que o seu.

Se você de repente se vê de olhar perdido, incapaz de articular duas palavras, ou talvez gaguejando, quando está diante do figurão que pode lhe abrir algumas portas — se você é do tipo que sempre se repreende severamente depois por bancar o bobo diante de pessoas importantes –, essa idéia deve ser para você uma ajuda e tanto.

Em geral, quanto mais importante a pessoa é, mas fácil é falar com ela. Mas se o fato de saber ou acreditar nisso não basta, eis um pequeno truque. A idéia consiste em fazer com que essa pessoa desça de nível, parando naquele que você julga ser o seu. Depois disso, você poderá falar com ela como falaria com um amigo. Bem, quando você entra num grande escritório e fica cara a cara com um executivo que lhe impõe respeito e admiração, a primeira coisa a fazer, antes mesmo de dizer "como vai", é imaginar essa pessoa em alguma *situação humana básica*!

Isso é tudo. Você pode imaginar a pessoa em trajes íntimos, por exemplo. Não vou entrar em detalhes, por motivos óbvios! Contudo, tenho certeza de que você captou a idéia. Se você realmente for capaz de imaginar ou visualizar a pessoa nessa postura humana básica, não lhe será problemático ser você mesmo e conversar com ela à vontade. É muito difícil inspirar respeito e admiração quando se está em trajes íntimos!

Foi preciso apenas um parágrafo para explicar isso a você, mas não menospreze a idéia. Ela me ajudou muitíssimo anos atrás, e não há motivo para que ela não lhe sirva também. Com isso, você fica em pé de igualdade com qualquer um. É como estar numa colônia de nudismo. É impossível distinguir um executivo de um operário quando todas as vestimentas e adornos são removidos.

Ponha a idéia à prova; descubra-a por si mesmo. O único problema para mim, agora, é que quando encontro pessoas que leram isto e vejo-as olhando-me com assombro, eu fico a pensar de que forma, com mil diabos, elas estão me visualizando!

Se você quiser que os outros tenham confiança em você, precisa conquistar essa confiança. As pequenas coisas que passam quase despercebidas podem ser as mais importantes quando se trata de conquistá-las.

Se você disser a alguém que vai telefonar a uma certa hora ou num determinado dia, telefone. Se você lhe disser que vai enviar algo pelo correio num tal dia ou que vai estar num certo lugar numa determinada ocasião, faça o envio pelo correio ou esteja lá. Evidentemente, sempre existem circunstâncias atenuantes, mas você não pode usá-las sempre como desculpas e mesmo assim exigir que as pessoas tenham confiança em você, contem com você ou queiram fazer negócio com você.

Certamente existem algumas pessoas famosas e bem-sucedidas nas quais *não* se pode confiar. Essa pode ser inclusive a característica mais marcante nelas. Não avalie, porém, o sucesso pelo passado! Essas pessoas são as exceções. Elas não se tornaram populares porque não eram de confiança; elas se tornaram populares apesar disso. Esse é o caminho mais difícil.

Como atrair a sorte

Conquiste uma reputação de confiabilidade, e a oportunidade continuará batendo à porta. Se você estiver sempre pronto a abrir a porta, você terá sorte! Se você diz que não tem sorte, que a oportunidade nunca bate à sua porta — pare com isso! Você está criando desculpas novamente. A maioria das pessoas de sucesso lhe dirão que você precisa atrair a sorte. Quando lhe perguntaram se acreditava na sorte, Jean Cocteau respondeu: "Certamente. De que outra forma se explica o sucesso daqueles de quem você não gosta?"

O problema é que o mais das vezes nós aplicamos essa desculpa inclusive às pessoas de quem gostamos. O sucesso de todo o mundo se deve à sorte — os nossos fracassos se devem inteiramente ao azar. Bem, eu duvido disso. Se lhe fosse possível passar alguns dias convivendo minuto a minuto com alguém cujo sucesso você atribui à sorte, você perceberia que ele ou ela trabalha muito mais do que você. Se você insiste em invejar essas pessoas, pelo menos inveje-as pela capacidade de encarar as oportunidade de frente, sem confundi-las com obstáculos ou dificuldades!

A sorte vem da prontidão, da adequação entre você e o momento. Ou, de acordo com um provérbio chinês: "Quanto mais se sabe, mais sorte se tem." Portanto, em vez de desperdiçar um tempo precioso lamentando o seu destino infeliz, prepare-se para a sorte! É isso mesmo — prepare-se para que, quando a oportunidade chegar, ela não seja dissipada pelo fato de você não estar bem disposto ou não ter conhecimento bastante para tirar proveito dela.

Se você sente que *está* bem disposto e sabe o suficiente, saia em *busca* da oportunidade — mas não deixe de reconhecê-la quando ela aparecer. H. L. Mencken disse que "As pessoas raramente reconhecem uma oportunidade, porque ela vem disfarçada de trabalho, trabalho e mais trabalho." Na realidade, o trabalho é absolutamente indispensável; então, aceite o inevitável! Pense em como você se sentiria se depois de ter dado duro durante anos e alcançado um certo grau de sucesso, alguém dissesse: "Ah, ele tem sorte, isso explica tudo!"

Eu já disse que o fato de ficar encurralado pode, às vezes, ser um presente dos céus. Henry J. Kaiser disse quase a mesma coisa: "As dificuldades não passam de oportunidades em trajes de trabalho."

Nat Cole tocava o piano em pequenas boates sempre que conseguia um contrato de trabalho. Um dos riscos profissionais desse tipo de serviço são os bêbados! Uma noite, um desses riscos profissionais ficou insistindo que Cole cantasse uma canção. Nat nunca havia cantado em público antes, mas estava num beco sem saída. O bêbado continuou insistindo ruidosamente; Cole achou melhor fazer-lhe a vontade, do contrário provocaria um bate-boca que poderia lhe custar o emprego. Então cantou! Essa pequena dificuldade lançou Nat "King" Cole numa das mais felizes carreiras de cantor da era moderna!

Anos atrás, Mary Martin tinha um apelido na Broadway. Ela era conhecida como "a Mary das Provas de Voz". Talvez ela tivesse lido o que Disraeli disse — "O segredo do sucesso é a perseverança num propósito" — e acreditasse nessas palavras! O fato é que ela continuou tentando e aprendendo, mesmo diante de recusas e fracassos. Ela poderia ter se considerado uma vítima do azar e desistido, e nunca mais se teria ouvido falar dela. Foi preciso esforço, tempo, bastante coragem e determinação — tenacidade —, mas ela finalmente deu "sorte"! Se você ainda acha que ela teve sorte, você também pode ter sorte — e provavelmente terá — se trabalhar com tanto afinco quanto Mary Martin e, além disso, tiver talento.

A oportunidade nunca pára de bater à porta

Algumas pessoas acham que já tiveram a sua chance, talvez muitos anos atrás, de fazer sucesso. Acham que uma vez que se deixa passar ou se desperdiça uma oportunidade, não há segunda chance. Besteira! Não existe um número limitado de oportunidades a ser distribuídas, como em época de escassez, uma para cada cliente. São unicamente as legiões de fracassados, que pararam de procurar a oportunidade depois de uma primeira chance, que promovem a idéia de que ela só bate uma vez à porta!

Walter Malone escreveu um pequeno poema chamado *Oportunidade* que talvez lhe convenha decorar ou, pelo menos ler, refletir sobre ele e acreditar.

É injusto para comigo quem diz que eu não virei mais
Depois de eu ter batido à porta e não te ter encontrado;
Pois todos os dias eu fico lá fora a esperar
E te chamo a levantar-se para a luta e vencer.

Não lamente as preciosas oportunidades perdidas!
Não chore o declínio dos tempos dourados!
Cada noite eu queimo os registros do dia —
Quando o sol se levanta, toda alma renasce.

They do me wrong who say I come no more
When once I knock and fail to find you in;
For every day I stand outside your door
And bid you wake and rise to fight and win.

Wail not for precious chances passed away!
Weep not for golden ages on the wane!
Each night I burn the records of the day —
At sunrise every soul is born again.

Você se considera uma vítima? Fica felicíssimo quando está em dificuldades porque gosta da idéia de fazer com que as pessoas sintam pena de você? Doug Jerrold afirmou: "Algumas pessoas gostam tanto do azar que até correm ao encontro dele." Conheço pessoas que são assim, mas não têm consciência disso. Examine profundamente a questão. Sei que numa primeira leitura essa coisa parece tolice — a idéia de que as pessoas efetivamente procuram o azar — , mas há pessoas desse tipo. Cuidado para não ser uma delas!

Em vez de queixar-se do azar, saia em busca da boa sorte fazendo alguma coisa para atraí-la. Você vai se espantar com a sorte que vai ter depois de batalhar pelo que quer alcançar ou realizar. Todos os talentos, conhecimentos e habilidades do mundo não lhe seriam de utilidade alguma se não fossem *postos em prática*. Parta para a *ação*, faça alguma coisa, não fique simplesmente sentado aí!

Há capítulos neste livro que, espero, vão ajudar você a observar melhor, compreender melhor, a pensar mais claramente, a usar a imaginação e aprender com o que lhe acontece — mas nenhuma dessas coisas poderão lhe fazer bem se você não *fizer* algo com elas.

Se você quiser, se não tiver medo de um pouco de trabalho, você vai conseguir se aperfeiçoar. No início deste capítulo, eu disse que a coisa mais difícil é mudar o modo de pensar e de viver de outra pessoa. Infelizmente isso é verdade. "Infelizmente" porque eu conheço muita gente que poderia se dar bem, ou pelo menos um pouco melhor do que agora se dão, mas só se facultassem uma mudança dos seus hábitos de pensamento e ação.

A *Harvard Business Review* reproduziu, certa vez, o lema de uma grande empresa. Ele diz o seguinte:

> Olhar é uma coisa.
> Ver aquilo que você olha é outra.
> Compreender aquilo que você vê é uma terceira coisa.
> Aprender a partir daquilo que você compreende é ainda uma outra coisa.
> Mas agir com base naquilo que você aprende é tudo o que de fato interessa.

Neste livro, tratei resumidamente de algumas idéias as quais espero sinceramente que sejam seguidas por alguns; que sejam benéficas para aqueles que as puserem em prática.

Lembre-se que não basta concordar com o que eu digo. Correndo o risco de parecer enfadonho, repito: cuidado para não fazer um sinal de aquiescência mas não tomar nenhuma medida concreta, pois isso é tão ruim quanto discordar abertamente, ou pior ainda. E se você está pensando em pôr em prática essas idéias "algum dia" — esqueça! Você nunca encontrará tempo para experimentá-las se não experimentá-las agora mesmo.

Deixo você com este pensamento de William James: "Por maior que seja o repertório de máximas que você tenha e por melhores que sejam os seus sentimentos, se você não tirar proveito de toda oportunidade concreta de *ação*, o seu caráter não há de melhorar. Como diz o provérbio, o inferno está cheio de boas intenções."

CAPÍTULO 24

Quando Começar

Um virtuose do violino que morava nos Estados Unidos acreditava piamente que sabia tocar tão bem que poderia até encantar os animais selvagens. Apesar dos avisos e apelos de seus amigos, decidiu ir para as selvas da África desarmado, levando apenas o violino. Tomou posição numa clareira no meio da selva e começou a tocar. Um elefante sentiu-lhe o cheiro e investiu contra ele, mas quando a bela música lhe chegou aos ouvidos, sentou-se para apreciá-la. Um tigre faminto pulou de uma árvore com as presas escancaradas, mas também sucumbiu à música. Logo apareceu um leão que se juntou aos outros. Em breve, muitos animais selvagens estavam sentados perto do virtuose. Ele continuava tocando, ileso.

Então, um leopardo saltou de uma árvore próxima sobre o violonista e devorou-o! Enquanto lambia os beiços, os outros animais se aproximaram e perguntaram: "Por que você fez isso? O homem estava tocando tão bem!"

O leopardo, levando a mão em concha ao ouvido, falou: "Hein, o que você disse?"

Uma das coisas que eu mais repeti ao longo deste livro é que se você não usar, ou pelo menos não tentar praticar, as idéias e sugestões aqui contidas, elas não lhe trarão nenhum benefício.

A anedota que abre este capítulo assinala muito bem esse fato. Infelizmente, a boa música não significa absolutamente nada se ela não puder ser ouvida. Do mesmo modo, as melhores criações e idéias se perdem se não forem postas em prática.

Como deixei bem claro no capítulo sobre a aprendizagem, o simples desejo de fazer, experimentar ou aprender alguma coisa não basta. Você precisa realmente *querer* utilizar essas idéias e sugestões.

Abraham Lincoln dizia: "A sua determinação de ter êxito é mais importante do que qualquer outra coisa." Se você decidir *pôr em prática* as idéias contidas neste livro, elas não deixarão de ajudar você na sua vida profissional e social e na sua existência cotidiana.

É claro que é muito mais cômodo reincidir nos velhos hábitos sempre que algum obstáculo aparecer. Lembre-se, no entanto, que não haveria a satisfação da conquista se não existissem obstáculos no caminho. Segundo John Neal: "As pipas sobem contra o vento, não a favor dele. Nenhum homem jamais abriu passagem para lugar algum numa calmaria absoluta."

Se você se lembrar que os obstáculos geralmente se tornam degraus para o sucesso, eles não o farão mais esmorecer. Por outro lado, você precisa aprender a distinguir entre os obstáculos insuperáveis e aqueles que servem de "trampolim".

Não perca tempo com os obstáculos insuperáveis. Faça de tudo para evitá-los. O dr. Theodore R. Van Dellen escreveu: "Quando uma situação não pode ser modificada, não desperdice energia com o descontentamento."

Aprendendo a aceitar o inevitável você há de poupar-se muitas frustrações e dissabores. Não se pode ter tudo, e o filósofo Bertrand Russell tinha toda razão quando disse: "A ausência de algumas das coisas desejadas é parte indispensável da felicidade."

Sublinho mais uma vez que a maioria dos problemas *podem* ser resolvidos satisfatoriamente e a maioria dos objetivos almejados, desde que você *faça* algo a respeito deles. Não fique esperando até conseguir "ver o caminho aberto diante de si" — um pouco de ação pode melhorar milagrosamente a visão. A atividade cria atividade — ou, em outras palavras, a ação traz mais ação.

Não é sentando-se e esperando por ela que você vai atrair as graças da Sorte. É preciso sair e procurá-la. Como? Bem, o humorista Stephen

Leacock dizia: “Creio firmemente na sorte; aliás, percebi que, quanto mais me esforço, mais sorte tenho!”

Estou procurando infundir confiança em você, mas nem por isso você deve tornar-se um fanfarrão ou inconformista. Uma grande parte dos atrativos da pessoa reside na autoconfiança, mas não exagere. Lembre-se, esforce-se para alcançar uma média equilibrada na maioria das coisas. Se você quiser ser diferente, ótimo; mas não aja como se você fosse superior a todos.

Um fator importante do sucesso é a capacidade de fazer com que os outros gostem de você. O capítulo sobre personalidade o ajudará a atingir esse objetivo. Já sublinhei esse ponto antes, mas cumpre repeti-lo: seja gentil e bondoso para com os outros e eles serão gentis e bondosos para com você. Não sou capaz de expressar isso melhor do que o expressou Edgar Albert Guest:

> Que eu seja um pouco mais gentil
> Que eu seja um pouco menos atento
> Às falhas dos que de mim estão perto.
> Que eu elogie um pouco mais.

Será que você vai ter a mesma desculpa daqui a dez anos?

Eu sei que a frase “faça isso já” se presta a muitas piadas. Tal como aquela sobre o patrão que pendurou uma tabuleta com essa recomendação no seu escritório; no dia seguinte, o contador fugiu com todo o dinheiro da empresa, um escriturário deu no pé com a mulher do patrão e um funcionário de confiança e imprescindível foi trabalhar para um concorrente. Bem, extremos à parte, a frase “Faça isso já” é uma excelente idéia.

Se você quiser aprender uma nova habilidade, comece já! Se quiser começar a aplicar o dinheiro numa poupança — ações, fundos de investimento ou algum plano de seguro –, comece já! Eu sei que a desculpa habitual para não começar já é: “Vou levar anos e anos para aprender isso", ou então "levará muito tempo até que esse investimento dê algum retorno".

Bem, eis aqui um modo de evitar essa armadilha — pense em qual será a sua desculpa daqui a *dez anos*! A mesma, provavelmente! Você não está vendo? Pode ser que você leve cinco anos para aprender uma nova habilidade, mas daqui a cinco anos você *ainda* vai precisar de cinco anos para aprender. Um adiamento não vai abreviar o tempo de aprendizagem, nem tampouco será favorável para a sua poupança.

Faça-o já, comece já, ou então só lhe restará citar estas palavras de John Greenleaf Whittier:

> De todas as palavras ditas ou escritas,
> As mais melancólicas são estas: "Poderia ter sido!"

Tenho certeza de que a esta altura você há de concordar que é a mente que controla a sua vida. Se você puser em prática as idéias contidas neste livro — se as puser a bom uso –, você será uma pessoa mais feliz.

Se, de tudo o que eu lhe ensinei, você se lembrar apenas de que são a educação e a organização da mente que podem lhe conduzir a uma vida mais feliz e produtiva, considero cumprida a minha missão. Tenho de concordar com as palavras de Shakespeare: 'Não existe nada de bom ou ruim; o pensamento é que o torna assim."

COMO CONFIAR EM SI E VIVER MELHOR

NORMAN VINCENT PEALE

Eis alguns capítulos dêste livro: *Um Processo Antigo, Mas Sempre Novo, de Libertar as Fôrças — Não Guarde Suas Dificuldades Consigo — Como se Desembaraçar do Complexo de Inferioridade — Como Conseguir Serenidade na Vida — Como Conceber o Caminho para o Êxito — Oração, a Mais Poderosa Forma de Energia — Esqueça os Fracassos e Continue para a Frente — Como Libertar-se do Medo — Como Conseguir Forças e Energia e Ser Eficiente — Como Evitar Irritações e Agitações — Como Conseguir a Felicidade no Casamento — Como Enfrentar o Sofrimento — Modificando-se os Pensamentos, Modifica-se Tudo.*

Norman Vincent Peale é professor do "New York's Marble Collegiate Church", de Nova Iorque. Considerado na América do Norte como o ministro dos "milhões de ouvintes" e como doutor em "terapêutica espiritual", tornou-se popular através de sua colaboração na imprensa, rádio e televisão e pelos admiráveis volumes em que vem reunindo o melhor da sua constante pregação, particularmente aquela que desde 1937 mantem num dos mais ouvidos programas radiofônicos dos Estados Unidos. Milhares de consultas chegam-lhe diariamente de todos os recantos do Mundo. E milhões de pessoas já lhe agradeceram os conselhos e sugestões que as levaram a reencontrar a felicidade perdida.

★

DESPERTE E MUDE A SUA VIDA

Um Guia para Desenvolver suas Próprias Capacidades

Soozi Holbeche

A época que estamos vivendo é um período de mudanças para muitos de nós. O mundo está mudando tão depressa que fica difícil enfrentá-lo. Sentimo-nos inseguros com as constantes notícias de desastre ecológico, de colapso econômico, de epidemias e de crescente instabilidade mundial.

Soozi Holbeche é uma agente de cura internacionalmente famosa, cuja atividade se completa com a organização de concorridos seminários e a autoria de livros cada vez mais disputados pelos seus leitores. Ela acredita que estamos passando por um período excitante e dinâmico da nossa evolução e que representa a passagem para a última fase da nossa história atual. Estamos prestes a entrar num novo clima de espiritualidade e de crescimento. Se aprendermos a aproveitar a energia das mudanças que estão ocorrendo à nossa volta, atingiremos um novo nível de percepção.

Em *Desperte e Mude a sua Vida*, Soozi nos ajuda a vencer o medo que temos da mudança. Ela nos ajuda a entender o que está acontecendo e por que está acontecendo, e indica as maneiras de nos sintonizarmos com os novos padrões deixando os padrões indesejáveis para trás. *Desperte e Mude a sua Vida* é um livro indicado para todos os que se preocupam com o nosso mundo e com a qualidade de vida.

* * *

Soozi Holbeche é especialista em diagnósticos, agente de cura e autora de *Como os Sonhos Podem nos Ajudar* e do *best-seller O Poder das Pedras Preciosas e dos Cristais*, ambos publicados pela Editora Cultrix.

EDITORA CULTRIX

O MISTÉRIO DA INTUIÇÃO

Brian Inglis

Joana D'Arc ouvia vozes. Stravinski e Mozart ouviam, em segundos, sinfonias inteiras. Einstein solucionava problemas sem a necessidade de raciocinar. Arquimedes resolvia os seus durante o banho. Churchill sentia-se protegido por certa mão que o guiava.

Por toda a história, as pessoas notaram a presença de uma força benéfica que intervém de tempos em tempos nas suas vidas, como que para ajudá-las e protegê-las – ou para puni-las. A fada madrinha das lendas populares e o anjo da guarda da tradição cristã são personificações dessa força. Sócrates dizia que havia consultado a "voz do seu *daimôn*" durante toda a sua vida, e "que ela nunca o desapontou". Kipling afirmava que não conseguia escrever a menos que o demônio que se instalara na sua pena o permitisse. "Tenho uma forte sensação", dizia Churchill, ao dirigir-se a uma platéia de mineiros durante a II Grande Guerra Mundial, "de que certa mão que me guia está sempre intervindo".

Em *O mistério da intuição*, Brian Inglis explora a evidência histórica e ainda atual dessa força. Talvez, em seu aspecto mais conhecido, ela possa se identificar com "as musas", a fonte de inspiração dos poetas e dos artistas, sem a qual, como dizia Kipling, "eles não passam de homens comuns". E muitos de nós já perceberam que "acaso" e "sorte" são termos pouco adequados quando se trata de explicar coisas como intuição, premonição, coincidências significativas e percepção extra-sensorial. "Não podemos saber o bastante neste estágio", conclui Brian Inglis, "para sermos dogmáticos quanto à origem desses estímulos; mas a evidência de que eles existem impressiona o suficiente para que se empreenda novamente uma pesquisa importante, deixando de lado preconceitos religiosos e materialistas."

* * *

Brian Inglis nasceu em Dublin, Irlanda, e formou-se pela Universidade de Oxford. Durante a II Guerra Mundial foi piloto da RAF, onde se tornou líder de esquadrilha. Depois disso, dedicou-se ao jornalismo como cronista e comentarista político.

EDITORA CULTRIX

O PODER DO PENSAMENTO POSITIVO

NORMAN VINCENT PEALE

Eis alguns capítulos deste livro: *Tenha Confiança em Si Mesmo — O Espírito Tranqüilo Gera Energias — Como ter Constante Energia — Recorra ao Poder da Oração — Como Criar a Sua Própria Felicidade — Acabe com a Exaltação e Agitação — Espere Sempre o Melhor e Consiga-o — Não Acredito em Fracassos — Como acabar com as Preocupações — Como Solver os Problemas Pessoais — Como Empregar a Fé na Cura — Quando a Vitalidade Estiver em Declínio, Experimente esta Fórmula de Saúde — O Influxo de Novos Pensamentos Poderá Fazer de Você um Novo Homem — Acalme-se para que Possa Adquirir Facilmente Novas Fôrças — Como Fazer as Pessoas Gostarem de Você — Receita para a Amargura — Como Recorrer ao Poder Supremo — Epílogo.*

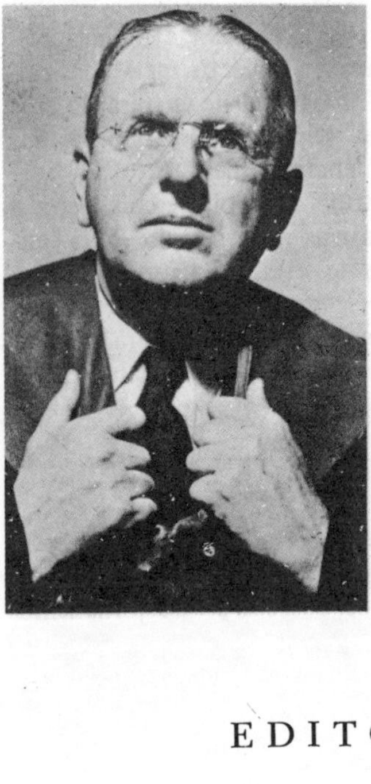

Norman Vincent Peale é professor do "New York's Marble Collegiate Church", de Nova Iorque. Considerado na América do Norte como o ministro dos "milhões de ouvintes" e como doutor em "terapêutica espiritual", tornou-se popular através de sua colaboração na imprensa, rádio e televisão e pelos admiráveis volumes em que vem reunindo o melhor de sua constante pregação, particularmente aquela que desde 1937 mantém num dos mais ouvidos programas radiofônicos dos Estados Unidos. Milhares de consultas chegam-lhe diariamente de todos os recantos do mundo. E milhões de pessoas já lhe agradeceram os conselhos e sugestões que as levaram a reencontrar a felicidade perdida.

★

EDITORA CULTRIX

SE VOCÊ QUER, VOCÊ PODE!

Eneida Lermen

Nós sempre queremos alguma coisa: saúde, felicidade, prosperidade, resolução de problemas, conhecimento ou crescimento pessoal. O importante é saber o quê. Querer é o ponto de partida, o primeiro passo para qualquer realização. Querer demonstra que estamos realmente interessados, empenhados no processo de viver.

O objetivo maior da existência humana é o despertar do Eu superior, é alcançar o "EU SOU". Muitas pessoas se perdem nessa trajetória por se enredarem em dificuldades criadas por elas próprias, ou por desconhecerem o seu próprio funcionamento mental.

Este livro é uma tentativa de sinalizar, de apontar um caminho. Ao lê-lo, você vai perceber que, para ser dono de si, para criar o próprio destino, para exercer o livre-arbítrio, é preciso entender o funcionamento da sua mente e aprender a usar esse conhecimento.

Comece a aceitar a verdade contida no título deste livro: *Se Você Quer, Você Pode!* A maior força do ser humano é o querer. É isso que impulsiona tudo. Se você quer, pode curar o seu corpo, pode ter alegria, sucesso, felicidade e tudo o mais que desejar.

* * *

Eneida Lermen é psicóloga formada pela Universidade Federal do Paraná com vários cursos de especialização. Desenvolve atualmente em Florianópolis, onde reside, um trabalho terapêutico que alia os conhecimentos da psicologia tradicional com os conceitos redescobertos pelo movimento holístico. Dentre os métodos que utiliza em psicoterapia estão: regressão a vidas passadas, hipnose, neurolingüística, etc. Além de sua atividade profissional, colabora em vários jornais e revistas.

EDITORA CULTRIX

TRANSFORMANDO PENSAMENTOS EM AÇÃO

Arnold Fox e *Barry Fox*

"Será que a fé pode ajudar você a recuperar a saúde, a levar uma vida feliz e a se tornar um vencedor?"
"Pode apostar que a resposta é positiva..."

NORMAN VINCENT PEALE

Com base em suas pesquisas e na prática da medicina, os drs. Arnold e Barry Fox, pai e filho, escreveram *Transformando Pensamentos em Ação*, livro em que provam que pensamentos positivos criam crenças que, combinadas com ações positivas, tornam possível o atingimento de nossas metas de maneira mais fácil e com muito mais sucesso. Trata-se de um livro surpreendente, repleto de histórias inspiradoras e de conselhos que irão fortalecer e melhorar a aplicação do pensamento positivo na vida e na saúde das pessoas.

ARNOLD FOX, M.D., especialista em cardiologia e medicina interna há mais de trinta anos, trabalha na Califórnia. Ele ocupa um cargo no California State Board of Medical Quality Assurance e faz muitas palestras sobre a saúde do coração e a psicologia do *stress*. Atualmente, é professor na faculdade adjunta da Universidade do Pacífico, Departamento de Pain Management e, junto com seu filho, Barry, é autor de vários livros.

BARRY FOX, Ph.D., é editor do *New Health Journal*, publicação dedicada aos problemas ambientais e ocupacionais dos anos noventa. Formado pela American Academy of Pain Management, escreveu, junto com o pai, seis livros e publicou mais de cem artigos sobre temas relacionados com a saúde. Suas palestras são muito populares, razão dos inúmeros convites que recebe para comparecer a programas de entrevistas no rádio e na televisão.

EDITORA CULTRIX